PÛS D'EÏNUEÏ

POÉSIES PATOISES

comprenant

LES PRINCIPAUX TRAITS DE LA VIE

DE

CHAMPALIMAU, BOUNÉFAN, BURGOU, MOURET, ETC.

PAR

A. JARDRY

MAITRE DE PENSION A ROCHECHOUART

Auteur d'un *Dictionnaire patois-français*, d'un *Recueil de Fables françaises*, d'*Un moment de gaité*, etc., etc.

LIMOGES

IMPRIMERIE-LIBRAIRIE Vᵉ H. DUCOURTIEUX

5, RUE DES ARÈNES, 5

1874

PÛS D'EÏNUEÏ

POÉSIES PATOISES

PÛS D'EÏNUEÏ

POÉSIES PATOISES

comprenant

LES PRINCIPAUX TRAITS DE LA VIE

DE

CHAMPALIMAU, BOUNÉFAN, BURGOU, MOURET, ETC.

PAR

A. JARDRY

MAITRE DE PENSION A ROCHECHOUART

Auteur d'un *Dictionnaire patois-français*, d'un *Recueil de Fables françaises*, d'*Un moment de gaité*, etc., etc.

LIMOGES

IMPRIMERIE-LIBRAIRIE Vᵒ H. DUCOURTIEUX

5, RUE DES ARÈNES, 5

1874

JE DÉDIE ENCORE CE LIVRE

A MES CHERS COMPATRIOTES

AUX NONTRONNAIS

A. JARDRY.

Rochechouart, 4 juillet 1874.

PÛS D'EÏNUEÏ

POÉSIES PATOISES

CHAMPALIMAO APPREN A NOUDAS.

« Ah ! corno dé bouc ! quei doumadjé,
» Dissé ün djour Champalimao,
» Dé veiré qu'ün gar dé moun adjé
» Ei moin avança qu'ün grapao ;
» Mé nédjorio coum'un meinadjé
» Si din l'aigò véni'à tombâs !
» Coumen né sabé pâs noudâs !!!
» Fó qui m'apréné tou de suito,
» Qui surpassé bientò lou broutsé maï la truito.
» Enté nâs per fâs queu meitier ?
» Y pensé, din notré granier.
» O ei barat, mâs quand volé i entré,
» Nio do cacao, i noudaraï dessur,
» I ïrai dé l'un à l'aotré mur

» Sei m'eicourtsàs là peu do ventré. »

Après quélo résolucis,

Moun gar court o granier co vénio dé tsosis.

O sé débielio et lou veiqui d'adjis :

Faï nàs lous bras, lous pé, làs djambas maï la této ;

Faï maï dé bru qu'uno tempéto ;

Et bradadi, et bradadao

O brasso si bé loûs cacao

Qu'un orio dì qué dé diableï n'armado,

Din lou granier fasian la mascarado,

Sa vieillo maï, énténdén queu sabat,

Se hàto d'accourì, reiban caoqué coumbat

Entre soûs cha et loûs chì dô vilâdjé,

La mounto doun péniblomén,

E finalomén,

La veu qué quei soun fì qué faï tout queu tapâdjé.

« Seignour Dì, crédé-t-ello, ayàs pìta dé mé,

» Quei co qui vésé qui, tout nu coum'un vermé ?

» Quei moun fì ! Quei tu, Jean, oh ! paobro této duro,

» Voueï-tu vité quìtâs quélo sâlo posturo !

» Billo-té !!! — Noun dé noun, dissé Champalimao

» En sé viran sur loûs cacao,

» Ne vései-tu pas, vieillo follo,

» Qué queu granier mé sert d'eicólo

» E qui m'appréné à noudas ?

» Vaï-t'én, corno dé bouc ! tu mé fariâ nédjâs ! »

CHAMPALIMAO ET LOU IO DE DZUMEN.

— Hi doun, vieillo râco,
Vieillo patrâco,
Anen, péla, martso, poussi,
Boun per ségré no proucessi;
Ni l'éiperou, ni la cravâtso
Né li poudén pus ré;
O né vao pâ lou fé
Ni lo paillo cô mâtso !
Qu'éro entao qué Champalimao,
Planta sur soun paobré tsavao,
S'en plagno én tournan d'uno feiro
'Enté o lou vio ména per s'én deibarrassas;
Mas coumo à la pûs pîto peiro
O trabutsavo à n'én toumbâs,
Dégu ne vio daigna mémo lou martsandâs :
Et Champalimao s'eïnuyâvo
Et dé boun cœur lou peitelâvo
Et lou picâvo
Seï li fâs avançâs lou pâs,
Quan tout d'un cô s'én vaï passas
Un hommé qué, din no tsarretto,.
Ménâvo de lâs citrouïllâs

— Qu'éz-vous qui ? dissé Dzean dé sa voix dé mazetto.

L'aotré, pû fî qu'uno béletto,

Li rₑipoundé, per sé mouquâs :

— Quei do io, n'en vouei-tu tsatâs ?

Té, viso n'én qui dé bourico,

N'en veïqui d'aotrei dé dzumen,

Quî quis dé vatso. — Bon, dissé notré einoucen,

I vao vous baliâs ma pratico ;

Trias m'én doûs dé tsavao, car i téné ô paré ;

Cambé loûs mé fâs-vous ? loûs volé point per ré,

I aï, per vous loûs payâs, prou d'ardzén din ma pôtso.

Lou martsan, lou prénan per fô,

Trâpo douas citrouillas, s'approtso

En li disén : — Té quei cén sô,

Champalimao vité loᵤ payo,

Metto un io sur sa této et l'aotré sous lou bras,

Et malgré tou quel émbarras

Sa figᵤro vé touto gâyo

Talomén ei countén dé soun acquisisî.

— Ah ! disio-t-eᵤ, dédin t-un an d'eicî

I orai loû pû bravé ₐttaladzé

De notré villadzé

Et mémo dè tou loû paï

I aî vu la maï, queï bé no puro lénmouzino ;

Si moun pouli, si ma poulino

Poudian li ressemblas à l'adzé dé dous ans,

Vendrio loû pû pîti maï dé quatré cén francs.

Co sirio no bouno récéto,

Gardorio.......ᵣ... Soun tsavao alors fai un faᵤ pàs

Et loû io co vio sur la této

Toumbo et sé metto à rudelâs
Dzusco sur lou bord dé la routo
Entéro un goursounier ; ô s'énfounço dédin
Et nén tsasso un lébrao qué né vio pâs la goutto,
      Domin
  Ca n'y pareissio ré, car lou gaillard filâvo
  Aussi vité qué si loû diablé l'émpourtâvo.
     Champalimao,
      Sé ratsavo loûs piao
    Et tant co poudio o crédâvo :
    — Arrétâs moun pouli,
     Tru, tru, tru, tru, piti, piti, piti,
     Réto, moun ami, réto, réto,
     Piti, piti, piti, tru, tru, tru, tru,
      Ah ! o ei perdu !
     Li vésé pù mâs la têto ;
Quei fai, loû vésé pù. Ah ! sai bien malhuroux !
Dé petsei lou trapâ, tout oro quei tsansous
    Surtout avéqué quello rosso.
Quéràqué lou faraï dîmen tambourinâs.
    Coumo quélo espeço ei précoço
Coumo ca fus. Pertant i trobé l'oreillâs
     En pao loundzâs.
Mâs loûs dzonei pouli an toudzours cacao târo.
    Oro fasan bien attencî
    A l'aotre io quei sur lou point d'eizî,
    Car quei dé la martsondio râro.
    Qui dessur lou veiqui parti,
Tsartsan dé tous coutâ a veiré soun pouli
    Doun la disparicî l'inquiéto;

Et soun tsavao n'âvo si bé
Qué qu'éro huet ourâs quand o ribé tsas sé,
    Sa maï avéqué la Nanetto,
    En couléro dé soun rétard,
    Loù tratéren dé sadoulard,
    Dé deibotsa. — Ah! saï bien malhurouso,
Disio la maï, dé vei un fî parier.
O méno oro no vito scandalouso,
O vé deï caoqué tén ténian et boubancier,
Si Jésus lou prénio, mé trouborio hurouso !
    — Notro damo, visâs, visâs,
        Disio la tsambariéro
        Dé sa voix moucandiéro :
    Notré moussur té sous lou bras
    Per tâs la soupo no coucourdo.
        — Ah ! vieillo sourdo,
        Répoundé Champalimao
        En davalan de tsavao :
        Viei serpén, vieillo tsaucido,
            Vieillo trido,
    Tu vénei qui té mouquâs dé queu io
    Qué mé côto béleu cén sô !
    Préparo-té a lou couâs tout dé suito
    O mé tsardzé dé ta counduito.
— Cén so quélo citrouillo ! ah ! li dissé sa maï,
        Ca n'ei pâ vraï,
    La né vao pas dié so, la ler d'étré purido.
    Sentei-tu quélo odour fétido?
Dziéto-la doun. — D'abord, dissé notré einoucén,
    Dziétas queu io dé dzumén !!!

Paobro maï, tu tsartsâs à mé mettré én couléro.
N'as-tu pâs maï d'esprit qué notro tsambariéro ?
  Ma mîo, voueï-tu mé loù couâs ?
— Ah ! Dzean, ah ! tu sés gris, coumo tu m'einuyâs !
  — Vouei-tu lou mé couâs, tu, Nanetto ?
— Crésé, nòtré moussur, qué vous perdez la této.
  — Corno dé bouc ! Ah ! queï éntao,
 Lur crédé Champalimao,
Quei doun entao qué dé mé nun sé môquo,
  Pensan qui bâté la bréloquo
  O boutu qui saï sadous,
Eh bé ! douâs féniantâs, i vao lou couâs tout sous !

CHAMPALIMAO ET SOUN DZARDINIER.

Notré fameux Champalimao
Din soun verdzier sé perménàvo
Quand o vai énténdré Marsaô
Qué tristomén sé laméntavo.
O s'approcho et lou veu péntso dessur lou pou,
Fasan plusieur signei dé crou,
Et puran tout coum'un mcinadzé.
— Marsaô, li dissé-t-eu,
Qué fàs-tu qui, bramàs coum'un védeu ;
Dé la rasou as-tu perdu l'usadzé ?
— Neigro, répound lou dzardinier,
Y ai bé dénquéro ma cervélo,
Màs saï malhuroux tout parier ;·
Vio pôsa qui, sur la marzélo,
Moun chapeu nio, ma blouso dô dimén
Et ma cravâto, quand lou vén,
Bufan trop fort, m'a tout dziéta din l'aigo !
Pertant, ca n'ci pas énfounça
Et né sai gair'émbarrassà
Do tournàs veï si mé preitàs vôtr'aïdo,
— Qué fò co fàs ? dissé Champalimao,
— Presqué ré, reipoundô Marsaô ;

Trapàs d'abord la manivelo,
I vao m'eitachàs sous l'eissélo
Et bravomen vous mé vàs davalàs.
— Ca nei màs co ? — Pàs maï. — N'en daignà pù parlàs,
Préparo-té, Marsao sé plaçô
Et lou veiqui balança din l'espaço.
Champalimao réténio tant qué tant
Et troubâvo soun dzardinier pésant.
　　— Ah ! disio-t-eu, n'ai pàs dé véno
Dé m'êtré qui trouba per prénei quélo péno.
N'ei cô pàs vrai ? qué l'âné dé Marsao
Péso douavé maï qu'un tchavao.
Ca n'ei pàs éntao qu'un badino,
Senté dô mao din lou râté d'eitsino !
Nén pôdé pù, i vao latsàs ?
Marsao ! arrétô-té, qut cràtsé din mà màs !!!
Aussitôt faï qué dit, lâchan la manivélo,
O la veu qué viroun'avéqu'un bru d'enfer.
— Ca vai, sé dissé-t-eu, coum'un tchami dé fer
Et pùs vité qué l'heiroundélo.
Fô qué Marsao siô bravomen preissa
Per émplouyas qu'élo vitess'extrémo.
Caové-i ? Poun !! Ah ! bien, n'én sai deibarrassà
Puisqu'o i eï n'a seï mé, cô n'én torné dé mémo.

CHAMPALIMAO ET LA BROUETTO.

Un beu mati Champalimao
Bien pledza din sa lévito
Mounto sur soun vieï tsavao
Et s'én vai fàs no visito
Tsas Jeantou, soun meitadier,
Ent'o n'ero pàs nà deïpueï l'hiver dernier.
O voulio veiré la dénado
Qu'éro d'âdzé d'étré ménado
A la feiro dé la Sén-Loup.
Aussitô arriba, Jeantou
Lou coundui tou dré din la grandzo,
Et dit : « — Nôtré moussur, vizâs coumo ca tsandzo.
Nous viam douas suitâs nio trei mei ;
Oro, nan tripla, nous nan siei ;
Nan heiréta d'uno poulino
Ca no marquo dessur l'eitsino ;
Dé la trôio nan gù dié bravei gourilloù ;
Dé la châbro trei tsabrilloù.
Moun ermo, si ca né vario
Nous garniran l'eitablé et l'eicurio ! »
« — Nous van fàs dé rudei affas,
Reipoun Champalimao d'un toun plé d'émportançо.

Bàlio mé moun tsavao qui couré racountàs
  A ma mai qué l'aboundançò !! »
  En s'én tournan, â doù cén pâs
Dé la meidzou, moun gaillard veu no brouetto
  Sous no charretto ;
O réto soun tsavao, la régardo un mamén.
    « — Oh ! certénomén,
  Sé dissé-t'eu tout én couléro,
  Jeantou, quei lou pû couqui
      D'o paï ;
  Mé troumpâs dé quélo maniéro !!
  Fô qui torné l'insultâs. »
  O viro brido et vai troubâs
  Jeantou qué bévio no picâdo.
« — Cheiti ! li crédé-teu, plô, tu méritariâs
  Qui té baliesso ta râcliado.
  Tu sés un calén, un fripou
  Tu mé troumpâs sur la denado
Tu n'as vira dé biai, tu n'en âs dé catsado !!!
  « — Ercursâs-mé, dissé Jeantou :
  Y vai mountra notro poulino,
  Loûs tsabreu, mai loûs gourilloûs,
  Vei vû loûs agneu, loûs moutoûs,
Las dzundzas, loûs védeu, dzurqu'à notro lapino,
Mé tratas dé fripou, ca mé fâï tro dé mao !!! »
  « — Mas, reipoundé Champalimao,
  Didzo-doun, vieillo mazetto,
  Qué fàs qui toun eitouna,
  M'as-tu di qué la tsarretto
  Aguesso charrettouna ?

CHAMPALIMAO ET LA BERDZIERO.

Notré paobré Champalimào
Vio tsassâ touto la dzournado
Et né vio toua qu'un passérao.
O maudissio sa destinado !
« — Sai trop malhuroux, disio-t'eu,
» Dé né mas troubâs do oseu,
» Oro, quand î vao à la tsasso
» Né trôbé pû ni perdri, ni bégasso,
» Ni lébré, ni lapin ; quéra qu'i lur fao pô ;
» D'abord co mé veu qui, lou dzibier s'en vai lo.
» Crézé co sén moun pétorabo
» Qué porto pûs loin qu'un canou.
» Quand sai parti dé la meidzou,
» Ma mai qué dzamai né tsabo,
» Qu'ei toudzours dé meitsanto humour,
» M'a trata dé fénîan, dé paobré tsassadour,
» Dé groulassier, dé této d'âné !
» Mé, groulassier ! Mas, sai bé lou pû crané
» Do tirours dé quî environ :
» Nio pàs un qu'ûsé tant dé poudro, ni dé ploun !
» N'eipargné ré ; tiré din moun annado
» Autant dé municî qué n'en fô per n'armado.

» I né tué ré, veiqui lou mao. »
Din queu mamén Champalimao
Arribo près d'uno berdziéro.
« — As-tu vû do dzibier, pîto ? li dissé-t'eu
» En sé siélant sur la fodziéro.
» — Moussur, reipoundé-t-ello, un lébrao do pù beu
» A qui passa, nîo maï d'uno houro,
» Et d'én pétit maï moun labrı,
» Qué nén craint gairé per courî,
» L'iorio plo sécoudu la bouro.
» O la ségu tout un mamén ! »
Champalimao sé lévo lestomén !
« — Queudaqui pourriobé garni ma carnassiéro,
Sé dissé-t'eu, fai mé veiré, berdziéro,
Dé cao coûta lou gaillard a fila. »
« — Dret davant vous, moussur, oa davala. »
Dé queu biai aussitôt Champalimao adzusto,
Pan ! pan ! et fiéromén deitsardzo sous dous co
Et part per nas veiré si soun armo ei bien dzusto.
« — Mas, dissé la berdziero, ô nio n'houro dé co
Qué lou lébrao a sauta din la prado ! »
« — Taiso-té doun, ma pîto fado,
Li répoundé Champalimao, quei boun !
Eico qu'un so dzamai énté s'én van loûs ploun !! »

CHAMPALIMAO ET LA BEGASSO.

« — Lei plo tsaro quélo bégasso,
Quoiqué la sié bello et bien grasso ;
Mas quatré francs ! Ah ! si ma mai io so,
Lei din lou cas dé mé roumpré dé co.
Aussi quand i torné brédouillo
Tout lou moundé tsas nous mé pouillo,
Quei la caoso qué, troubant do dzibier,
Tant tsar co sio, tout tsaté tout parier.
Quei éntao qué iai toua ahuei quélo bégasso. »
Veiqui coumén Champalimao
Parlavo, en vénen dé la tsasso,
O mamén co trobo trei tsassadour dzoviao
Qué tournavan à la cousino.
Dous né vian ré, l'aotré vio toua no becassino.
« — As-tu faï caocoré, Dzean, li dissérent-i;
» As-tu toua un lébrao et cinq ou siei perdrì ? »
« — N'ai pâ faï no si bouno tsasso,
Lur reipoundé Champalimao,
I n'ai mas toua quélo bégasso,
Mas la vao maï qu'un perdridzao. »
« — Fai la veïré. — Vé-la. — Couqui, tu l'as tsatado.
» — Neigro. — Mas siei. — Neigro, per moun ermo,
l'ai touado !

Lou prumier la soupéso et la viso un mamén,
Lou ségoun la li daoto et dit tout én risén :
    « — N'ei-t-ello pas morto dé râco ? »
« — Tournâs-la mé, noum dé noum, dissé Dzean.
    Tournâs-la mé, ô vous bâlié no cliaco ! »
    « — As-tu po qué nous la mindzean,
    Reipoun l'aotré qué l'escamoto,
    Et dédin soun parpaï lestomén o la boto,
    « — Té ta bégasso, adzouto-t'eu ;
Fó gro fàs tant dé bru per un meitsant oseu ! »
    O li paro sa pito bécassino.
    Champalimao la prén, la péso, l'éxamino.
    « — A forço dé la mé manias,
    Tas de couquî, dé la mé pataugnas,
    Dissé-t'eu, vous m'avez faï véni ma bégasso,
        Qu'éro si grasso,
    En d'un boussi dé bégassou !!!
    Fuguessas-vous péndus o foun dé notre pou !!

CHAMPALIMAO ET LA PERDRIX.

Champalimao tournavo dé la tchasso
    L'oreillo plo basso :
O vio tira trento co dé fusi
Sei ré touas, coumo d'habitudo,
Et coum'o vio la certitudo
    D'êtré blaga per soun vési,
Per soun valei, sa mai, la Nanetto, coqui
    Li baliavo dé l'inquietudo.
« Ah ! disio-t'eu, n'aosé pas nâs tchas nous
    M'entendré tratas dé masetto !
    Aprei, n'ei-co pas malhuroux
Dé né pas petsei touas caoco paobro lovetto,
    Caoqué pinsou, caoquo fovetto,
    Caoquei merlei per fàs no brouquetto ?
Quand sai parti, ma mai, en mé moutchant,
      En m'eissudzant,
    M'a dit : essayo doun, Dzean,
    Dé mé pourtas deissei no lébré
    O houtu no perdrix. Quei démo qui célébré
Toùs vingt-un ans ; tâcho dé mé troubâs
Caoqué dzibier per eigas moun répâs.
Vao predzas Dì qué t'ayei dé la tchanso !!!!
    Paobré fenno ! la mé creu boun tirour
      Deipuei qu'un djour
    I tuî, mouyennant ma finanço;
    Un lébrao per mé fàs honnour.

Ah ! si troubavo, huei, no pariéro ressourço,
Si poudio fâs bouno tchasso én ma bourso
 I tournorio fâs lou cracour.
Dé lébrei, dé perdrix, si sabio caoco sourço !!!!
 O mamen qué Champalimao
   Parlavo entao,
 O veu passas un hòme qué pourtavo
 Uno perdrix co apprivavo.
« — Parlâs-mé doun, l'hômé, li dissé-t'eu,
 Voulez-vous véndre quel oseu ?
 N'en orio bésoin per no fétô !
 — « Ca n'ei pas coqui qué m'inquiéto,
 Reipoundé l'aotré én lou visan,
Mas n'en vôlé n'eicu. » Lou veiqui, dissé Dzean,
 Mai cin so per beuré la goutto. »
 L'hômé li bâlio sa perdri,
Li souâto lou boun sei, countinuo sa routo.
 Moun Champalimao tout glori
 Dé coumplimén dount o sé douto
 Prén uno dé sâ lintchaussas,
 Eitacho soun dzizier, sé rétiro à trei pas
 Per né pas tant lou bézillas ;
Pan, pan ! et la perdrix, libro, prén la voulado.
« Arrétô, crédé Dzean, tu sès mio, t'ai tchatado
   Mai payado !
Arréto, o torno-mé moun eicu, mai cin so,
 Oh ! nio dé qué n'en véni fò !!!!
La s'en vai tout parier, caoqué diablé l'émporto,
Canaillo ! un aotré co i té tchataraï morto,
 Aprés, avant dé té touas,
 Corno dé bouc ! té côpé toun alâs. »

CHAMPALIMAO VAI VEIRE NO MEITRESSO.

Champalimao voulio sé maridâs,
O vio trento ans et per counséquén l'âdze,
    Et din soun vêsinadzé
    Dei caoqué tén vio vengu démourâs
    Un moussur, pai dé famillo
    Qué né vio mas no dzénto fillio,
    Mas dé pitis garçous o n'én manquavo pas :
    O n'én vio huet. Touto quélo seguélo
    Né rendio pas ritso la démeisello ;
    Aussi pas dé mouyen dé troubas un parti
        A pû près assurti.
. Loû dzôno dzén, (quei no tsaoso communo),
    Meiprézén la beuta, si nio pas dé fourtuno.
    Coqui a toudzours eixista.
    Per lors, quélo divinita
    Vio bien po dé coiffas la sainto Catbarino ;
Quand un dé sous ouncliei, boun hômé, s'eimadzino
    Dé parlâs dé Champalimao :
« — Eicouto, dissé-t'eu un dzour à sa néboudo,
    Crézé qué queu garçou té vao,
    O a do bé, do eicu, et tu sirias no toudo
    Dé troubas co manquo d'avis.

Bálio-t-eu lou lard a sous tsîs ?
O ei meinadzier, d'uno bouno famillo,
Sa vieillo mai né té dzeinoro point ;
Per li plaïré, tu n'auras mas bésoin
        Dé té mountras sa fillo ;
Et d'in t'un mei, si t'as dé la rasou,
Tu pourras diridzas quélo ritso meidzou.
Parlo, si tu sès décidado ;
Dei dessei m'en vao préparas
Bravomén queu pitit affas. »
La néboudo, bien eilévado,
Li reipoundé en roudzissen :
« — Farai toudzours coumo voudran moûs boûs parén,
I lur dévé l'obaïssénço. »
    Quidaqui counsulta, tout d'abord troubérén
    Quélo tsaoso dé counséquénço
    Et dé boun cœur y baillérén
        Lur counséntamén.
    Vciqui doun notré viei qué din la sérénado
    Sén vai tsas Champalimao
    Coumo per passas la veillado.
    Dé quélo visito la mai fugué tsarmado.
Nûn parlé do beu tén, nun ledzi lou dsournao
Enfin sur lou tapis fu mei lou maridadzé.
« — Crézé bien qué ca sirio sadzé
Dé maridas votre gorçou,
Dissé lou viei. » — V'avez rasou,
Reipoundé la mama, mas fô troubas no fillo
        D'uno bouno famillo,
Qué lou veillé. » — « Couneissé soun affas,

Réprén lou viei, volé parlas
Dé ma dzono et bello néboudo,
Eimablo coumo n'én nio pas ;
Sur lou trabai dzamai né boudo,
Et meinadziéro ! L'a toutas las qualita,
Mas la n'a gaïré dé fourtuno.
Faudrio qué votré Dzean fuguesso deigouta
Per né pas desiras uno si dzénto bruno. »
« — La meirio bé, dissé Champalimao. »
        « Si quei éntao,
Adzouté sa mama, vai-t-én li fás visite ;
I la couneissé, la mérito
Notro amitia. Vao predzas lou boun Di
Qué tu petsei, Dzean, réussi. »
« — Oh ! per codaqui, i m'én tsardzé,
Dissé lou viei, tsas moun nébou,
Quant i parlé, din la meidzou,
Aucun d'i né méno bien lardzé !
Nous t'atténdran, Dzean, à soupas,
Démo o sei, à las cinq houras ;
Dé manquas l'houro prén doun gardo ;
Porto boun appétit ; lou resto mé régardo. »
Qui dessur, lou viei part, laissan Champalimao,
Reibas au bounhur coundzugao.
    Lou lendémo, à tout lou vésinadzé,
Notré gar announço soun protsain maridadzé,
    Et quand vénén las quatré houras do sei,
    O prén soun fra, soun dzabot dé dentello,
    Sé fai brillant coumo un soulei ;
Sé fai moutsas, et part per nas veiré sa bello.   2

N'un l'attendio, lou cubert éro meï.
No compagnio presqué tsosido
Sé troubavo qui réunido :
N'y vio do parén, do amis,
Et loûs principao do vésis.
A cinq houras à tablo n'un sé metto ;
Champalimao auprès dé sa brunetto,
Et, crézé bien, à la plaço d'honnour.
N'un sert : veiqui arribas, tour à tour,
   Loûs fricandé, loûs ragoûts, la voulaillo,
Loûs entrémei, dzigot, dindao rôti, peissous,
Mandas; creimo, biscuits, tartras, maï pâtissous,
   Tout éro qui per fâs ripaillo !
I tsicavan tous bien, mas lou pû fort dé tous,
Qu'éro Champalimao : lou drôlé dévoravo,
O né parlavo pas, mas sa matsoueïro n'avo,
Et si n'un couneissio co né vio pas d'esprit,
   N'un éro bé ségur co vio boun appétit.
O mindzé tout lou tén, sei régardas sa bello ;
   Aussi lou paï impatiénta
   Dé li veiré tant dé timidita,
Per l'excitas, dissé : « — Dzean, motso la tsandello. »
   Coqui transit Champalimao,
   Et s'én fougué dé ré co sé troubésso mao.
   Enfin, pertant, o sé rassuro,
   Trapo la metso éntré sous dei,
   Touo la tsandello et séntén la brûluro,
   La dziéto laï, casso dous goubélei,
   Uno carafo, mai no siéto,
   Et saisissan las moutsettas

Dédin metto la metso et las torno posas,
En bramant a roumpré la této !!
N'un finit per lou counsoulas ;
Mas veiqui bé un aotré affas :
Passant las mas sur sa figuro,
Trempo de larmas et dé suour,
Lou paobra gar sé faï no flour
Touto négro, maï dé mésuro.
Dé riré, quété co, tout lou moundé eicliaté ;
Mas vivomén n'un s'arrété
Et n'un tsandzé dé counténénço,
Quand un végué dous vermei blan
Qué surtian per lou nas dé Dzean
Et co letsavo, sé, avéqué coumplasénço !
« — Motso-té doun ! crédé lou meitré dé l'oustao,
Ei-co qué t'as perdu toun moutsénard dé potso ? »
« — N'en porté pas, dissé Champalimao,
Quand sai tsas nous quei ma mai qué mé motso ;
Aillours mé servé dé mous deï. »
Ténez, visas-mé fâs, d'abord vous vas sabeï.
O sé trapo lou nas... mas lou meitré l'arréto,
Li paoso lestamén soun tsapé sur ia této,
Deubro la porto et dit : « Sâlé, vai-t-én d'eici,
Et si dzamai tu tournas qui,
Avéqué moun billou té frettaraï l'eitsino. »
Champalimao, coum'un sé l'eimadzino
Né vougué pas d'aotras explicaci ;
O sé metto doun dé fudzi,
En fasén quélas réflexi :
« — Aillours, foudro tsartsas per ma maï n'aotro noro,

Puisqué quî fénian laï m'an fai passas déforo ;
M'én moqué tout parier, i aï crânomén soupa,
Et quei corno dé bouc ! toudzours tant dé trapa.

CHAMPALIMAO VAÏ VEÏRÉ LIMODZÉ.

Un mati dé printĕn, l'ami Champalimao
Dabouro seurt do lié et faï grando toiletto :
O prén soun frac pountsu, sous souliers, sa casquetto,
Un toupet sur sous quatré piao,
Enfin sé metto à l'eïtiquetto.
Quand sa vieillo maï lou végué,
Dé bounhur sas mas la dzungué :
« — Ah ! dissé-t-ello, o nio pas sur la terro
Un garçou coumo tu, dé si bouno maniéro ;
Qué la toiletto té vaï bien !
Moun Dzean, qué t'as un beu maintien !
Didzo-mé, vas-tu nas veiré n'aotro meitresso
O boutu deidzunas avéqué notré rei ? »
« — Nou, li reipoundé Dzean, d'un toun plé dé finesso,
I vao m'én anas fâs un tour à Limodzei ;
Nio deidza caoqué tén qui n'aï pas vu la villo,
Volé sabei si l'ei toudzours aussi tranquillo
O bé si nio caocoré d'impourtant.
Anén, motso-mé, maï, et né sarras pas tant ! »
Moutsa, bien eissudza, lou gar sé metto en routo,
Et coumo o ne vio pas la goutto,
Co courgué, galoupé toudzours,

Une houro après o éro din loû faubourgs.

« — Enfin sé dissé-t-eu, mé veíqui din la villo,
Coumo i né volé pas eici mé fâs dé bilo,
M'en vao tsatas no pipo et fumas per la rouas.
La dzen qué mé veiran passas
Diran : « Champalimao a l'air d'un fashionablé ;
O n'en craint pas per fâs l'eimablé,
Queu gaillard qui n'ei pas couyoun,
Ni capoun,
Vézé laï un bureu, lou meitré eï sur la porto,
Approutsan. » — O s'avanço et parlo dé la sorto :
« — Moussur, n'eico pas vous qué vendez lou tabac ?
Balia m'én per un so avéqué caoco pipo.
Ca né vodro pas tant, bien sûr per l'estoumac,
Qu'un tro dé po et uno tripo ;
Ma fé tant piei, mindzaraï bé tsas nous,
Qu'én pensas-vous ?
« — Mas, dissé lou martsand, d'uno vou papélardo,
En recouneissén Dzean, moun viei, ca vous régardo ;
Qué va ména eici, do affas, do plasei ? »
« — Ah ! noungro, i aï vengu visitas Limodzei
Simplomén. » — « Limodzei ? v'ignoras la nouvellu ?
Limodzei, dei har sei ei parti per Parî. »
« — Per Paris ? » « Oui, moun viei, et co qu'ei pû curî
Io veiqui : Queu farçour ia vougu nas a sello.
O né po pas toudzours courî,
Aussi mai d'un beu mei duroro soun vouyadzé. »
« — Mas qu'a-t-eu na fâs laï ? » — « O ei na o maridadzé
D'uno fillo d'o rei avéqué n'emperour.
I an couvida dé maï plusieurs villas dé Franço ; ,

Nanto, Bourdeu, Poitiers, Engouleïmé, Blois, Tours,
Marseillo, Périgueux, Lyoun, Touloun, Strasbourg,
    Quei tout laï qué tsico et qué danso ;
    Quei éntao. » — « Ah ! quei entao.
    Li reipoundé Champalimao,
Eh ! bé, vao m'én tournas veiré si la cousino
Et tsaudo. Adicias doun, révéndrai din t'un mei,
    Si sabé soun retour, visitas Limodzei.
Merci, seï vous ї orio faï qui no paubro mino.
Dé vous vei vu d'abord i ai bravomén toumba ;
Boundzours, préndrai pus tard ma pipo et moun taba. »

CHAMPALIMAO APPREN A SÉ BILLAS.

Au mamén dé sé deivitì
Champalimao, un crayoun en sa mo,
Fasio quélas proufoundas réfléxì :
— No coumpagno deu nous véni démo ;
Né faô dóun pas meitsandzas mous habì,
Car ma maï countré mé sirio tôt én couléro,
Coumo la zei tous loû matì.
Per né pas me troumpas, veiqui bé la maniéro :
Sur moun calpin i vao notas
Mous habì quand loûs vao quitâs ;
Quei no peino si ledziéro.
Couménçan : moun bouné, ma perruco et moun fra,
Moun foulard, moun dzilé ma culottas dé dra,
Mous souliers, mas tsaussas et ma tsamiso fino.
Quei tout. Démo, quand i mé billaraï,
Coumo zai qui marqua, pardi, zo tournaraï
Tranquillomén sur moun eitsino.
Qui dessur ô sé metto au lié ;
Deur coum'un roc, coumo deur d'habitudo
Queuqui qué n'a pas d'inquiétudo.
Lou léndemo, quand 's'eiveillé,
Sa listo réçaubé sa prumiéro pensado ;

— Ah ! dissé-t'eu en sé lévant :
Ma maï né véndro pas sé mouquas, huei, dé Dzean
    Et mé fâ mountas la fumâdo.
    Vésan, qué fô co qui préné ?
    Zô ledzissé : queï moun bouné.
Lou veiqui preï. Oro, quei ma perruco griso.
La vai sur moun bouné !... Farai cacao bétiso !
Si no vio pas nota, creurio bé mè troumpas,
Car, per do souvenî, corno dé bouc ! n'ai pas.
Aprei : queï moun foular qué mé ser dé cravâto,
Moun ben foular meita dé ver et d'eicarlato.
Après ? queï moun habi ; dessur sé, moun dzèlé :
    Queuqui m'ei trop piti. Quérâqué quéto né,
    Veiqui caoco ré qué mé flâto,
    I aï engreissa, car i né pôdé pas,
    Ei mati, lou mé boutounas.
    Après ? io vésé plô ; préné mas culottas ;
Oro quei mous souliers, y éntré bé sei péno ;
Mous pinous n'an pas faï si bé qué ma bédéno.
I an mâgri. Oro quei lou tour dé ma tsaussas
    Et dé mas lintsaussas
    Qui vio oblida dé marquas.
    Enfin, sur tout coqui, i metté ma tsamiso.
Bon, tsaba. Quei curi coumo ca mé deiguiso !
    Fô counsultas moun eimiraï.
Ah ! mé couneissé pù ! ei-co mé qué saï laï ?
Qui habi mé van pas, i aï la mino bien tristo,
    Saï tout trébla, crézé dé bouno fé
        Que ca n'ei pas mé ;
    Pertant i aï bien ségu ma listo.

Anén, fò davalas, i énténdé la Nanetto
Qué mé créd' a pléno této
        Per m'announças
Qué motro coumpagno vé dé nous arribas.
        Quei boun ! i vao.
Alors, meitré Champalimao
Deubro sa'porto, davâlo
Et trobo au bas dé l'eitsalo
La Nanetto qué, lou vésén,
Cudzé perdré lou sentimén.
— Qu'ei vous, notré moussur, quei vous, li crédé-t-
Vous qué sès qui billa coumo Politsinello,   [ello,
    Quéraqué vous fàs mascara ?
Coumo dégu n'ei prépara
A vous troubas en pariéro téngudo,
        I aï la certitudo
Qué nòtro coumpagno qué v'attend ò saloun
Vaï sé mouquas dé vous et vous fas caoqu' affroun,
    — Didzo-doun, vieillo imbécilo,
Reipoundé Champalimao,
Vouei-tu démouras tranquillo ?
D'après mé, nio gro ré dé tao
Coumo no vieillo tsambariéro
Per vous fas mettré en couléro.
Vai-t'én, tsanillo, vaï veiré
Si nòtras autsas an do fé.
Et sei mai s'eitsauffas la bilo,
Nòtré gaillard entro o saloun.
A bien pégneï lou carilloun
Qué sé fagué n'eï pas tsaoso facilo :

Tous lous paren, loûs amis, loûs vésis,
Las cousinas et loûs cousis,
Risian, crédavan a tue-této.
Marsao, la Fantsou, la Nanetto
Sé fasian aussi bien ovis.
Mas si quis gars risian, la maï n'éro pas gâyo ;
N'un vésio la furour dédin sous pitis uei
Et tout ô maï si n'un poudio la rétenei.
La vio saisi d'abord, un mantsé dé balayo
Et ménaçant lou paobré Dzean
La crédavo : Queu grand fénian
Vo ma mort, queï segur ! Dzamai queu misérablé
Né poudro doun sé mountras rasounablé,
Eico huei lou mamén, didzo, viei libertén,
Dé qui véni fas Arléquén ?
Torno-t'én té coueidzas, mounstré, tu mé fas hounto !
— Corno dé bouc ! dissé Champalimao,
Taiso-té, maï, la couléro mé mounto,
Mé couprénei-tu bien ? Quant à tous qui badao
Qué vénén qui riré dé ma téngudo,
Né lur counseillé pas d'én prénei l'habitudo,
Et puisqué, malgré mé, tu loûs suffrei tsas nous,
M'entorné, tas dé fas, n'as-vén au diablé tous !!!

BOUNÉFAN.

———

Avez-v'oatrei councigu Bounéfan,
L'ancien mairo dé sa communo,
Un quart bourdzei, trei quart peisan,
Parlant toudzours dé sa fourtuno
Et pû glourious millo viadzei qu'un pei
Planta sur la mantcho d'un reï ?
V'a-t'un racounta sa couléro
Countré lou paobré campagnard
Qué vio oblida per hasard,
Dé lou pélas Moussur lou Mairo ?
Et sas idéias dé coumplots,
Et sous viei tours et sous bous mots,
Et soun fao rire dé bounàço,
Qué li fasio fas la grimàço,
Et quélas bélas expressi
Co vous sabio sibé tsosi !
— Entré toutas n'én veiqui uno
Qué n'ei point, ma fé, bien communo :
— Doun, lou dzour dé la révisi,
Treina per sa dzumén débilo,
Din soun tilbury d'occasi,
O sé diridzo vers la vilo

3

Per veiré passas sous counscrl.

Quand o fugué à meîta routo

O nén rencountro cinq ou siei

Qué vénian dé beuré la goutto

Per né pas mountras tant d'einuei.

     — « Adiciâs, drôlei !

Leur dissé-t'eu dé sa voix la pû fiéro.

— « Nous vous la souatén bien, notré Moussur lou

Reipoundérent-i tous, à part un qu'éro sourd   [Mairo.

    Et qué crédé : Diciâs, tout court.

    A queu manquo dé politesso,

Dédin soun tapo-cul, moun Bounéfan sé dresso

    Per miei veiré lou malotru,

    Et quand o la bien couneigu,

    O li crédo tout èn couléro :

« Per tu, meitchant gouya, né sai doun pas lou Mairo,

» Didzo, tâs béleu po dé mé fas trop d'honnour !

» Quei boun, to païaras avant la fi do dzour. »

    Et lou veiqui dé flacassas sa râco

    Et talomén la flac' et la réflacò

    Qué vers miedzour o sé trob' à Nountroun

Ent'o sé creu bien sûr dé vendzas soun affroun.

    Dou'oras aprés o quito sa bélouso,

    Netchio sous souliers plei dé bouso,

    Lâvo sa figuro et sous dei

Et prénén sous papiers o sé rend o counsei,

Qu'éro tén d'arribas, sa communo passavo,

    Et lou Préfet lou damandavo

    Per co baliesso soun avî

       Sur la réclamacî

— 39 —

D'un dé sous counscri.
— « Voyez, Monsieur le Maire,
» Li dissé Moussur lou Préfet,
» Ce garçon se dit sourd, l'est-il bien en effet ?
» J'attends que votre esprit m'éclaire. »
« — Ah ! Méssieu le Préfet, reipoundé Bounéfan,
D'uno voix pleino dé finesso,
En récouneissén lou peisan
Qué li vio l'én mati manqua dé politesso,
« Ah ! Méssieu le Préfet, nix ! nix !!
» N'én jure pour le crucifix !!! »

UN RÉPAS TSAS BOUNÉFAN.

Nountrounés, mous amis, veï vou qui votro eïtréno.
Dé m'énvouyas la mio né prénez point la péno ;
    Tsas mé la n'arribario pas,
    Qu'eï counégu, n'aï pas dé véno.
Din lous beü dzours do Mardi-Gras,
L'illustré Bounéfan baliavo un grand répas,
Sa coumpagno n'éro pas tsoménido,
Oueï noun gro, l'éro plo tsosido :
O vio d'abord lou rogatier,
Lou cardaïré, lou courdounier,
Et nün m'a dit co vio d'énquéro
Queü qui qué lous mettro din terro,
Moussur Bakoi, seï lou noummas.
Nou, Bounéfan né poudio pas.
    Per dissipas sa fourtuno,
    Troubas dédin sa communo
Do gaillards qué tsiquéssan mieï.
Car chacün d'ï n'én valio sieï.
Aussi la paobro cousiniéro,
Per préparas qu'eü beü dinas,
Vio trabalia à n'én crébas :
La vio faï no grosso tourtiéro

Dé bla négré; la vio méttu dédin
De las poumpiras, ün lapin,
No rabo, ün tso, n'ougnou, caoco caroto,
(Un rudé plat per fas riboto).
Din t'ün bounet la vio faï un farci
Seï io, seï lard et seï po blanc aussi,
Et la vio rempli sa marmito
Dé moundzettas, dé sala dé doux ans
Et dé favous, car meïtré Bounéfan,
Quand do pays o vo trata l'élito,
  O tsarso do boussï friands.
Notas qué n'y vio sur la tablo,
Do dous biaï, dous gros moudélous
  Dé creïpas maï dé galétous
  D'uno finesso rémarquablo,
  Et qué n'y vio à coûta d'î
  Dé vi cué dous pleï barî.
  Avéqué tant, tant dé pitanço,
Ah ! nün poudio plo fas boumbanço !
Aussi nôtreï létsous, péndén dou'oras dé tén,
  Bailléren dé durs co dé dén.
  Tout y passé, lou vi coumo lou resto.
    Et naturellomén
  I prenguérén tous cin no culotto modesto.
L'ou min ploumba dé tous qu'éro lou rogatier;
  Ca fut doun sé qué parlé lou prumier,
  Après co gué quitta sa vesto.
« — Mous amis, dissé-t'eu, bévan à la santa
  » Dé Bounéfan, l'ancienno autorita,
  » Dé Bounéfan qu'émployo sa fourtuno

» Per lou bounhur dé sa communo.

» Nio dzamaï gu din l'énviroun

» Un hômé si poli, si sadzé, maï si boum.

» Aussi, o a maï d'amis qué dé piao sur la tèto;

 » Et per terminas quélo fêto,

  » Bévan à la santa dé soun fils si fécoun

» Queï cliar dé noutari maï dzeugo do violoun;

» Queï codaqui qué n'eï pas dé mazetto !' »

En entenden quis mots, Bounéfan né po pas

   D'abord parlas,

 Nün veu pertan co n'én lébretto

  Enfin o sé lévo én purant,

Sé motso, poutso et, d'ün toun deïtchirant,

 O dit : — « Dzamaï pu dé ma vito

  » Né vio ovi ré dé parier

  » A codaqui ca dit lou rogatier !

» Coumo o mé faï do bé quand o mé félicito

» Sur moun grand cœur, sur queü cœur dzénérous,

» Qué tsarso lous paobreï et lous protédzo tous.

» Oh ! oui, saï bien lou païs dé touto ma communo,

 » Et si vio na à la tribuno,

 » Coumo voulian m'y renvouyas

 » Lous bourdiers qué soun sous mas màs,

 » Iorio vougu qué la fourtuno

 » Fuguesso per no bouno leï,

 » Divisado entré lous paobreï.

» N'eï-co pas tous mous fraï, n'eï-co pas ma famillo ?

» Dàto d'ahueï, queuqui qué porto la guénillo

 » Siro lou sous qui préndraï per ami !!! »

Ca fugué tout, lou puras rèté qui

Queû discours rempli d'éloquenço.
Lou courdounier né dissé ré,
Pas maï qué lou vieï cardaïré.
Ca fugué doun Bakoi qué lévé la séanço.
— « Coumpagnous, bramé-t-eü, anén, queï tén, filan
   » En crédan : Vivo Bounéfan !
   » Vivo nôtré vieï camarado
   » Qué nous pâyo la régalâdo ;
   » Qué lou boun Dî li counservé la peü,
   » En atténdén sa plaço din lou Ceû ! »
— « O moun Bakoi, bravo, ca mérito la goutto,
   » Riposté meïtré Bounéfan,
   » La v'eïcliaïroro sur la routo ! »
O s'én vaï quéré en tsanculant
No bouteïlo d'aïgo dé vito
Et n'én rempli cin goubéleï.
« La veiquï, dissé-t'eü, ma liquour favorito,
   » A cu sé, pér mé fas plaseï ! »
Tsacün dé quî soiffeurs n'én faï mas no gourdzada.
   Moun ermo, quétté co, tsabé la sérénado :
   Incapableï de souténeï
   No lampiado si formidablo,
   Et né pétsan pu sé téneï,
   I rudélérén sous la tablo !

LOU MARIDADZÉ DE LÉVAO.

AIR CONNU.

1

Quand i mé végui deïmanda
A quélo fêto, à quélo noço.
Enté i crésio, bien couvida,
Petseï mé bien rempli la bosso,
Avalas pâti, massopin,
Beuré Bourdé maï Tsambertin,
Mous amis, n'agui tant dé mao,
Qui voulio n'as tous Lévao. (*Bis.*)

2

Mas hurousadomén per mé,
La dzén dé nôtré vésinadzé
Mé dissé : Là, dé bouno fé,
Touas la nôvi, sirio doumadzé !
Lou gouya n'én po pas dé maï :
Bounéfan qué li sér dé paï
A dit co né suffririo pas
Tant dé fétsians sous soun nas ! (*Bis.*)

3

Après sabez-vous qué lou vi
Qué nün deu beuré à quélo fêto
Eï agré, puri, tsoméni
Et né vao pas dé la piquéto

3*

I n'an tsata per Bounéfan
Treï bouteillas dé queü d'udzan ;
Car i voulén qué queü létsou
Sio trata mieï qu'ün dzantou ! (*Bis.*)

4

Ian tsata dé nôtré boutsier
Caocas luras dé duro viando,
I an toua ün porc queï pû lédzier
Que la lébré qué court la brando,
Avéqué huet meitsan pouleï
Qué passarian éntré lou deï,
Crésé-vous ? fo qui régalan
Maï dé quatré-vin fétsian. (*Bis.*)

5

Né pénséz point qué quî badao
Tsatan patissoûs ni froumadzé ;
La vieillo Marguï, maï Lévao,
An dit qué ca sirio doumadzé
D'usas las dén dé lur ami
En mindzan tartràs, maï biscuî,
Et qui lou counténtarian tous
Avéqué caoqueï pérous. (*Bis.*)

6

En énténdén la bravo dzén
Qué deïtaliavo quélo fêto
I mé troubî presqué counten
Dé né pas fas un co dé têto
Laissant lou paobré Bounéfan
Tournas tsas sé, crébant dé fan,
Avéqué dé braveï droleï
I fao passas moun eïnucî !!! (*Bis.*)

LOU COUNCOURS DE NOUNTROUN.

—

MOURET

Eh bé ! vieï Bounéfan, vous vénez dé Nountroun,
V'avez, péndén dous dzours, vu quélo bélo fêto ?
Ah ! v'én prédzé, vous qu'avez bouno têto,
    Camarado, countas-m'o doun.

BOUNÉFAN.

Qu'eï vraï, paobré Mouret, un sous co din sa vito,
    Un po troubas caoco ré dé parier.
    Eïcouto-mé bien, ca mérito
    L'atténci do moundé éntier.
    Vao té tout countas, té tout diré,
    Vao t'eïtounas maï té fas riré ;
    Mas tu sabeï, per bien tsabas,
    O fo, Mouret, bien coumménças.

MOURET.

O Bounéfan, vous sés un hômé incoumparablé.
Vous parlas coumo un Dî, v'avez l'esprit eïmablé,
V'avez...

BOUNÉFAN.

    Bon, bon, Mouret, trévo dé coumplimén,
    Eïcouto-mé tranquillomén :
Doun, dissadé dernier, péndén la matinado,

Sur lou lieu do councours i fagui moun éntrado,
Seï payas. Carnavar crédavo én queü mamén :
« — Eïci nun po véni seï deïboursas d'ardzén,
Queï gratis. » Idéio touto philanthropico,
Salut ! tu méritas l'admiraci publico,
Car lou paobré domin poudro, péndén dous dzours,
Si n'én porto l'énvio, visitas lou councours.
Honnour o counseillers, o dous adzouints, o mairo !!
Eh bé ! qué vésé-i à ma gaotso ? un parterro
Elégammén traça, rempli dé bélas flours
Qué répéndén au loin las pus douças séntours.
Un dzet d'aigo o mitan ! queï Cougoul, queï n'artisté
Ca créa codaqui d'après l'art do fleuristé.
A ma dretsa, veïqui batteusas, véntadours,
Cubas, roulé, preïssoirs, hersas, extirpatours,
Et las tsarru, plénas dé forço et dé finesso,
Qué toutas dé Mercier deïmountrén plo l'adrésso.
I avancé én pao pus hao et mé trobé o mitan
Dé produits dé la terro. Ah ! n'én falio pas tant
Per fas veïré pertout qué notro agriculturo
Avéqué lou progrès galoupavo én mésuro.
Bon ! qué vésé-i laï ? Do vi, dé las liquours.
Foudro mé fas noummas un do dégustatours.
Mé tsardzé dé nétsias, seï énténdré maliço.
Tous lous flacouns dora dé l'intellidzén Briço.
Ah ! ah ! veïqui, oro, lou vasté bâtimén
Enté, lou léndémo, deü sé balias l'ardzén ;
Do bancs per las damas, plaço per la musico,
Plaço per un café, pénsado magnifico.
Allez doun. Avançan. Moun Di, qué d'eïtableï,

Tous rempli dé varrao, dé tròïas, dé goureï,
Dé séménao, d'agné, d'ovélias. Queï lou diablé !!
Plé pertout ! En séguén et d'eïtablé én eïtablé !
Et de l'aotré coûta, las brettas, las vatsas,
Lous tôré muséla, lous védé, las dzundzas !
Tout codaqui sé plaint o tsanto én soun léngadzé.
Ca grougno, ca mudzï, ca bénlo, cao tapadzé
Qué né m'émpaïtso point dé restas qui lountén.
Enfin, fo deïfilas, i sénté qué queï tén
Né m'én anas soupas. Bounseï à la teüliéro
Qué m'arrêto én passant. La pareï touto fiéro
Dé sas briquas én or, dé sous teüleï si forts
Qué dé l'âdzé poudran bravas tous tous efforts.
Li souâté dé boun cœur uno coumpléto tsanço,
Car sous produits an tous la forço et l'eïléganço.
I seurté doun, countén dé queü crané councours
Et davalé soupas, én laï, din lous faubourgs
Avéqué l'inténcî dé né pas téncï tablo.

MOURET.

Bounéfan, vous qu'avez no fan si rédoutablo,
O superbé banquet vous n'assistéreï pas ?
    Vias-vous la traoco plaï ?

BOUNÉFAN.

                    Noun point, mas quï répas
Euté n'un mindzo maï qué n'un a l'habitudo,
La mé balién toudzours avéqué proumptitudo.
Aprés, ca côto trop ; i dòné bé vingt so
Seï lous trop réncuras, mas i dévéndrio fo
Si per un sous répas foulio la péço roundo.

MOURET.

I o sabé, Bounéfan, v'avez l'horrour proufoundo
Dé deïpénsas l'ardzén. Mas didzas-mé, si plas.
Qué faguéreï-vous doun, après voiré soupas.
Enté vous né vias gu ni perdrix, ni bégasso?
V'anéreï vous coueïdzas?

BOUNÉFAN.

D'abord! Dessur la plaço
Qu'un pélo Saint-Tiéni, bravomén i mounti,
Et, frappa dé stupour, malgré mé m'arrèti
Et fuguî sur lou point dé n'én perdré la tèto
Quand véguî tout Nountroun én sous habits dé fèto
Qu'admiravo, surpreï, uno illuminaci
Coumo i né pódé pas t'én fas la descripci.
Tu né mé creüras pas, et pertant la lumiéro
A n'oras dé l'énséï brillavo tout éntiéro
Si bé qu'à mieïdzours. Laï, un théâtré fluri,
Sur lou cao vaï mountas caoqué tsantour tséri
Et la fanfaro. Anén, toumbé bien, ca coumménço;
Salut, musiciens, tous dé ma couneïssénço;
Bravo! vous dzugas bien, pódé, seï vous véntas,
Disén la vérita, vous tous coumplimóntas.
Et qué vôtré chef, qui, appréné qué la villo
So bien qué la li deü quélo fanfaro habilo.
Ho! ho! veïqui lou tour do soudard Merlutsou,
O blaguo, mimo bien, admirablé garçou
Qué dé nous counténtas adretsomén s'eïfforço
Et rappello à Nountroun lou souvéni d'Eïcorço,
Aprés sé, dous ténors, amatours distingua,
Sé fan ovi loungtén, seï étré fatigua,

Et la musìco vé, toudzours bien décidado,
Aprés tsaco tsansou nous balias uno aubado.
Qu'eï bien prés dé mianuet quand tout eï termina,
Alors m'én vao o lié, saisi, tout eïtouna !

MOURET.

O Bounéfan, aprés no pariéro dzournado
V'ei dégu dé durmî préneï no régalado
Et béleü din lou lié restas dzusqu'à mieïdzour ?

BOUNÉFAN.

Deïtroumpo-té, Mouret, car lou soun do tambour
M'én tiro à la n'oras. I couré sur la plaço
Dé la Cahio. A qui, trobé la populaço
Entouran la musico et las autorita,
Qué partén per la messo à pas précipita.
Lou tén eï bé, ma fé, et lou souleï qué rayo
Faï qué touto la dzén a la figuro gayo.
Alors, i vésé mieï lous grands préparatifs
Marquant do Nountrounés lous talents distinctifs.
I m'én vao essayas dé lous té fas couneïtré :
Dous cén aubreï planta lou loun d'un kilomeïtré,
Dé distanço én distanço, et tsardza dé drapeü
Préséntén à la vudo un aspect do pu beü.
Ca sémblo lous grands mâts do bâtimén dé guerro,
Qué marquén din lous airs uno traço eïphéméro.
Qui aobreï soun unis éu loun maï én travers,
Per dous millo lampioun, blancs, blus, roudzeï, verts,
Et millo lanternas, dé différénto fòrmo.
Codaqui deü causas uno deïpenso eïnormo ;
Mas quand lous Nountrounés voulén fas caocoré,
Qui braveï coumpagnous dzamaï n'eïpargnén ré.

A forço dé visas, tu sabeï, lou tén passo ;
Après un boun mamén, i quitté doun la plaço
Et torné lentomén sur lou lieu do councours.
La dzén, à pleï tsami, ribo do aléntours.
Moun Dî, lous beü habits, qualo ritso toiletto !
Nun dirio qu'uno fée, avéqué sa baguetto,
A transpourta eïci la flour do moundé entier.
A Lountsamps n'un n'a vu dzamaï ré dé parier !
Las damas dé Nountroun, tsaoso bien councïgudo,
Brillén per lou boun toun, la beüta, la téngudo.
Mé faufilé à travers, émbauma dé parfum.
Seï mé doutas, Mouret, qui saï d'énquéro à dzün !

MOURET.

Queï vraï, vous né vias pas, Bounéfan, deïdzuna,
Quoiqué vous z'aguessas, m'eïvi, bien affana,
Vous crébavas dé fan?

BOUNÉFAN.

Ah ! oua, tu vouleï riré !
Eïcouto-mé, Mouret, i pôdé bien té diré
Qué moun véntré eï toudzours valet dé moun esprit,
Et qué, quand moun cœur bagno, i n'aï pas d'appétit.

MOURET.

N'y o éntré n'aotreï dous no grando différénço,
Quand i aï fan, fo mindzas.

BOUNÉFAN.

Tu sénteï l'ignorénço,
Mas lous musiciens, précéda do tambours,
Ménén la coumissi sur lou lieu do councours,
Per y balias lous prix. La vaï à sa tribuno ;
Volé m'én approutsas, mas no foulo importuno

Mé réculo à cen pas ; alors né pôdé point
Enténdré lous discours én mé trouban si loin.
Aussi, countraria, fao n'aotro perménado,
Vao veïré lous grands bio véngu din la dzournado,
Rémarqué las dzumén, surtout un eïtaloun
Qu'a las dzambas d'un cerf et lou port d'un lioun ;
Enfin, tout fatigua, à l'eïcart mé rétiré
En m'éndeurmé.

MOURET.

Saï sûr qué vous vias lou déliré ;
Vous né via ré goûta, moun paobré Bounéfan,
Et, vé beü io catsas, v'énradzavas la fan.

BOUNÉFAN.

Mouret, tu sés un fa, doubla d'un imbécilé.
Per parlas betsiomén, didzo-mé, eï-co utilé
Dé véni m'interroumpré o pu bravé mamén ?

MOURET.

Mas, v'anavas durmi !

BOUNÉFAN.

Eh bé ! certainomén
Qui durmi dé boun cœur dzusqu'à la sérénado,
Quand lou bru do canou et dé la fusillado
Mé réveillo én sursao. I mé lévé tout dret,
Baré lous ueï, lous deubré, ah ! moun paobré Mouret,
Dzamaï ré dé si beü né vio frappa ma vudo,
Et péndén caoqué temps ma têto éro perdudo
Coumo si vio toumba, frappa d'appoplexi :
Tous lous lampioun luma, la lanternas aussi
Eïcleïravan las rouas d'uno lumiéro tàlo
Qué nun orio dzura n'auroro boréalo,

Rémplido dé milliers d'eïtélas, dé souleï
Dé toutas las coulours, s'eiloundzant à plaseï.
Uno foulo innoumbrablo au-dessous sé perméno ;
I mé maïlé à travers et vao énté un mé méno ;
I martsé, viré, torné, eïbahi, éntsanta,
Grisa per quélo foulo et per quélo cliarta.
Bibant coumo un tsabo qu'a trop préngu dé côco.

MOURET.

O foulio v'én anas dédin caoco bicôco,
Damandas à mindzas, moun paobré Bounéfan,
V'éras faiblé.

BOUNÉFAN.

Mouret, tu né sés qu'un gourmand,
Toun vèntré té faï nas, et ni lou cœur, ni l'âmo,
Ni la têto, tsas-tu, dzamaï ré né s'enflammo,
Et tu véndrias toun corps per caoqué boun régal !!
Tu sirias plo tourna seï nas veïré lou bal ?

MOURET.

Ah ! ah ! v'aneïreï fas la pito countrédanso
Avéqué vôtreï so ?

BOUNÉFAN.

Nou. Mas, i agui la tsanço
Dé ségré do moussurs qué vian dé las cartas,
Mé meïli à travers, éntrî seï troumpettas,
Voulio veïré, i véguî !

MOURET.

Vous trémblas, paobro mîo,
Queü souvéni tsandzo voiro physionomîo !
Vous sés tout exalta ; qué véguéreï vous doun ?

BOUNÉFAN.

I végui codaqui qu'un né veü qu'à Nountroun :
Figuro-té, Mouret, uno sallo splendido
Dé garçous distingua tout éntiéro remplido ;
Autour, sur do fauteuils, cén fillas, cén beüta,
Qu'an l'air dé déessas et dé divinita,
Din lur robas dé gazo o bé dé moussélino
Fascinén lous régards d'uno mino assassino,
Qué caresso souvén lou lédzier éventail.
Nou ! dzamaï dé sultan n'a gu parier sérail !
Ah ! si din l'univers domino la Françaiso,
En Franço nun po plo notas la Nountrounaiso !
Queï la flour dé la gràco et dé la distinct,
Qu'exerço sur lous sens tant dé dominact.
Viso quélo toiletto eïléganto et coquéto,
Quélo taillo, queü teint et quélo bélo têto,
Quélo fino gaîta qué brillo din lou ueï
Et proumetto à l'amour tant dé si doux plaseï !
Ah ! n'y o co pas déqué n'én perdré la cervello !
Tant d'appas n'eï-co point uno vudo mortello !!!
I davalé, m'én vao, én prédzant lou boun Dì
Dé mé dotas la vito o bé queü souvénì !

MOURET.

Moun ami Bounéfan, ânén, prénez couradzé.
N'aguéreï-vous pas fan, péndén vôtré vouyadzé ?

BOUNÉFAN.

Sieï bé, tseïtì Mouret, mas quand fuguî tsas nous
I mindzì vingt creïpas et doudzé galétous.

JAVERLHAC.

MOURET.

Enté éras-vous na hier? moun bravé Bounéfan,
I vous tsarsî pertout per beuré no picado,
Per mindzas no mouletto avêqué no salado
Et sifflas ün moka, qué vous tsérissez tant
Quand o vous côto ré.

BOUNÉFAN.

Taïso-té, têto d'âné;
Quanté tu parlas bien, fo toudzours qu'à la fi
Nün sénté lou véré dé ta léngo d'aspi,
Et codaqui per fas lou crâné.
M'as-tu paya souvéh caocoré dé si boun
Per qui vénî mé fas affroun?

MOURET.

Anén, vous fatsez pas, i né voulio pas riré,
Et, quoiqué per payas vous sié un hômé dur,
I n'aï pas l'intencî, bien sûr,
Dé vous tsucas. Oró, voulez-vous bien mé diré
Enté v'anéreï hier?

BOUNÉFAN.

I anî à Dzaverlha,
A la feïro.

MOURET.

Si loin ?

BOUNÉFAN.

Tu n'as dzamaï grouilla
Dé toun cros, tu, Mouret, mas mé qu'eï aotro tsaoso,
Et per nas vouyadzas, i ai toudzours caoco caoso
Qui n'aï pas din l'esprit dé té qui racountas.

MOURET.

Ah ! moun Dî, Bounéfan, né vous damandé pas
Votreï sécreï ! Ami, voulez-vous per bouteillo,
    Seï maï vous fas tira l'orcillo,
Parlas dé Dzaverlha et mé diré coumén
V'eï trouba queü paï, la feïro, maï la dzén ?

BOUNÉFAN.

Ca vaï, eicouto mé : Hier mati, bien dabouro,
Avéqué ün bravé tén, i quitti ma démouro,
Et ca n'éro mas dzour quand fuguî à Pieïgut.
I né té diraï ré d'un lieu si couneïgu,
Passî seï m'arrêtas.

MOURET.

            Foulio prénéï la goutto,
La v'orio souténgu péndén touto la routo ;
Vous cragnez la deïpenço.

BOUNÉFAN.

            Au diablé lou bavard !
Foulio beuré pertout : à Pieïgut, à Eïtouar,
A Tsauffour, n'eï-co pas ? Didzo-mé doun, matsoueïto,
A qualo houro i sirio arriba din la feïro,
A las dou'oras do seï ?

MOURET.

Mettan qui n'aï ré dít ;
Votré rasounamén mé rend tout interdit ;
Countinuas, sî plas.

BOUNÉFAN.

Eh, bé ! à la bouno houro,
O min, qué t'apprécieï l'habiléta madzouro
Dé toun vieï Bounéfan. « Per lors, à Dzaverlha
A n'horas do mati mé trobé dzanouílla.
Oui, piti, à dzanoueï douçomén i admiravo
La beüta qué quel éndré à mous ueï préséntavo.
Sa hallo magnifico et sas freïtsas meidzous,
Sas routas, soun tsâté, sous verdziers merveillous,
Et sous grands papulouns, planta én symétrio,
Et lou Bandié qué fù à travers la prairio,
Et pù loin, aussi loin qu'un po pourtas lous ueï
Quélo ceinturo immenso én verduro et bouqueï
Qué flatto lous régards coumo un brillant parterro ?
O Dzaverlha, tu sé lou paradis sur terro !!
Crédi-î, tout saisi, én eiténdén lous bras.
Din queü mamén, Mouret,

MOURET.

Caocu vé vous tiras
Dous so én vou prénén per un paralytiqué,
En train dé débitas soun langouròus cantiqué ?

BOUNÉFAN.

Tu siras toudzours fa. I orio bé préi lous so,
Mas ca n'éro pas co ; une béndo dé bio
N'àvo passas sur mé ; i mé lévé à la hâto
Et rémarqué, eïblosi, caocoré qué m'eïpato,

Quéï louto quélo dzén qué vé do enviroun,
Dé Mareï, dé Pieïgut, dé Marthou, dé Nountroun,
Las routas, lous tsamî, lous séndaré d'énquéro
An dé tous lous couta l'air d'uno fourmilléro.
Enté plaças queu peuplé ? et déidza supénaén
Ca paréi plé pertout !! I mé décidé, anén,
Mé véïqui din la feiro. Ah ! viso quélo véno :
Uno minuto après, uno minuto a péno,
Péndén qué tout dzouyous, én mé battén lous flancs,
I éïssayé dé coumptas lous différénts martsands
Qué garnissén las rouas, las plaças maï la hallo,
Un meïtsan Auvergnat, eïtsina sous sa ballo,
S'avanço dret sur mé, no suringo én sa mo :
« — Ténech, mé dissé-t'eü, voulez-vous tsatach co,
Vous ch'aurez boun martcha ? » — Cambé quélo suringo ?
Reïpoundi-î. — « Diech francs, sech n'én ochtas n'ei-
                                        [pingo. »
— T'én balié trento so. — « Ca vaï, vous la veïchqui. »
Et sitôt sous moun bras la glisso queü couqui.
I payé seï visas, countén dé moun émpléto,
Mas i né tardé pas à veïré ma bouletto.

MOURET.

Didzas, l'éro én fer blanc o lieu d'étré én eïtain ?
Oh ! mas, si qu'éro vraï, ca sirio trop vilain !

BOUNÉFAN.

Quéro pertant éntao. L'aotré vio preï la fuito
Et péndén maï d'uno houro i couré à sa poursuito
Seï lou trapas. Enfin i préné moun parti,
Et per m'ôtas l'eïnueï, coumo i saï d'appéti,
I tsaté un boun mitsou avéqué no sardino

Et vao countré la foun fas no riboto fino.

MOURET.

Bravo, vieï Bounéfan, seï deïpénsas d'ardzén,
Vous troubarez toudzours dé vivré lou mouyén,
Saï sûr qué la suringo agué qui soun eïtréno
Et qué la vous servi per i beüré seï péno.

BOUNÉFAN.

T'as dévina, Mouret, queï prou coumouditous,
Aussi deï hier o seï i m'én servi tsas nous :
En soupant, moun ami, remplido d'aïgo freïtso,
Quélo suringo adzit si vité qu'uno fleïtso
Et seï boudzas dé plaço i servi lestomén
Ma famillo et ma dzén.

MOURET.

Ah ! coumén doun, coumén ?

BOUNÉFAN.

I dubrian tous la gordzo, alors i diridzavo
L'instrumén tout arma do biaï qué damandavo.

MOURET.

Oh ! oh ! queï merveillous, i bévian à galet ?
Per ün peïsan vous sé, Bounéfan, trop adret,
Et n'y o din lou paï gaïré dé votro copo.

BOUNÉFAN.

Ni din tout lou paï, ni din touto l'Uropo !
Ma suringo a servi, o n'y o dou'oras dé co,
A trémpas notro soupo. Eh ! bé, n'y o-co beüco
Qu'orian gu, moun piti, une talo pénsado ?

MOURET.

I saï dé votré avis, votro caoso eï gagnado.
Tournan à Dzaverlha oro si ca vous plas.   4

Didzas-mé, Bounéfan, n'y vio co do porcs gras.
Do nurrin ?

BOUNÉFAN.

Eh ! Boudî, n'y vio no pléno plaço,
Un plé tsami. Lous beü éran dé moussur Masso,
Dé l'homé intellidzén qu'eï véngu dé Paris,
Per dé l'agriculturo enseignas tout lou prix,
En sécoudén dataï notro vieillo routino.
D'aotreï y vian aussi dé la martsandio fino,
Et coumo lous martsands s'y troubavan noumbrous,
Ca sé fagué bientôt do martsa vigourous,
Ca n'én éro ün plaseï et la gaita régnavo
Et, mé-mêmo, eïtrandzier, caoqué co i accourdavo
Et, quoiqué ma suringo amusesso la dzén,
A fas toumbas d'accord i réussî souvén,
I n'éro si countén qu'én anau vers la hallo,
Vésén do virovir qué la foulo signalo
I m'approtsé et, co sé, i tiré mous dous sô,
Et viré ! n'y o, Mouret, déqué n'én vénî fô
I gagné no soupiéro, uno grosso soupiéro ;
I torné fas viras, torné gagnas d'énquéro
Treï grands bols, un poté et quatré goubéleï,
Tout co qui per vin so ! « — O nio pas dé plaseï,
Queuqui vaï tout trapas ! » dit la foulo dzalouso.
Alors, seï discutas, i metté din ma blouso
Bols, poté, goubéleï et queubré moun tsapeü
Dé ma soupiéro, entao i pareïssé pu beü,
Et fier coumo Guillou, i martsé vers la hallo,
Béllo, vasto, à mous ueï la n'a pas soun eïgalo.
Lous martsands Noüntrounais et lous Angoumoisi

S'y trobén réunis avéqué profusî :
Nio qui dé tout, deïpueï lou druguet et la télo
Dzusqu'au drap lou pû beü, la soyo et la dentélo.
Viso quel horlodzier qu'occupo quatré bancs,
Et doun lous fî bidzous valén cén millo francs,
Et qui aotreï produits : rouennorio, merçario,
Paraplui, counfectî, souljers, eïpiçario,
Et lou quitteï tsapeü balança per lou vén,
Sutsas, libreï, couté, n'y o dé tout, tout sé vén.
Coumo i aové crédas : « Eh ! suringo, eh ! soupiéro » !
Et qui n'aï dzamaï gu uno humour bien guerriéro,
I m'eiloigné et m'én vao veïré lous bio d'abord.
Mas qué trobé-i laï ? do froumén coulour d'or,
Poumpiras, bigarroueï, moundzettas ; lou minadzé,
Aussi bé qu'à Pieïgut n'eï pas dé badinadzé.
Qu'eï bien garni ; bravo ! Oro, visan lous bio.
Ah ! moun Dî, n'én n'y o co per do millioun dé so !!
I soun qui, pilouna sur uno vasto plaço,
Qui téndreï éléphants dé la pûs fino raço,
Et dé tous lous couta nun éntén lous martsands
N'én offrî, do paré, quinzé à dié-zuet cén francs,
Et ca s'én vén, s'én vén sous mous ueï no céntaino ;
Moussur Masso, tout sous, n'émballo no vingtaino
A un dé qui boutsiers qué vénén dé Paris ;
Mé trobé sur lou point dé n'én sabeï lou prix,
Quand un tseïti mé crédo : « Homé dé la suringo,
Balias un lavamén à queü bio laï qu'eïpingo,
O d'ün co dé billou i cassé lou grand plat
Qué vous sert dé tsapeü ! » Quéraqué queü goudzat
Prénio per un plat vert ma verdâtro soupiéro.

I fugui sur lou point dé mé mettré én couléro,
Mas tout counsidéra, ca vao mieï m'én anas
Autour dé Dzaverlha én pao mé perménas.
O resto, i n'aïmé pas, to sabeï, la bagarro.
Alors i m'én vao veïré énté siro la garo
Do beü tsami dé fer qué nün deu couménças
Quanté la coumpagno poudro prou finanças.
Sur lou flanc drct do bour, la siro bien plaçado,
Et las autoritas qué l'an qui récliamado
Prouvén beüco d'esprit, beüco d'énténdomén,
Et si poudio, deï qui, lur fas do coumplimén,
I lur rappélario qué las feïras, la hallo
Lur dévén l'existenço ; én bien pao d'éntervallo
Las routas, lous tsamis qué ménén vers lou bourg,
Dé Mareï, dé Lussas, dé Pieïgut per Tsauffour,
An eïta termina. Coqui, maï aotro tsaoso
Soun, per qu'un las respecté, uno prou bouno caoso,
Et vivo Dzaverlha per étré bien ména !!
Aprés m'étré un mamén dé quîs biaï perména,
I davalé o Bandié per beüré no picado.

MOURET.

Votro suringo à qui poumpé l'aïgo tsoliado.
Né poudias-vous pas nas beüré ün ter dé vi blanc ?
Oh ! vous sé per trop tsé, moun paobré Bounéfan.

BOUNÉFAN.

Qui sié tsé o pas tsé, gaïré ca té régardo,
Et né mé fasas pas mountas maï la moutardo ;
Né té damandé point dé mé fas dé leïçous ;
N'aï-i pas soin dé mé quand i resté tsas nous ?

MOURET.

Oh ! per coqui qu'eï vraï, quand vous seurtez dé tablo,
Vous sés toudzours doua d'uno sé rémarquablo,
Et lou prumier dé nous qué vous poudez trapas,
Si vos payas bouteillo eï bien vu, n'eï-co pas ?

BOUNÉFAN.

T'as l'air dé réproutsas quélo qué t'as proumeïso,
Oro qui l'aï gagnado ; entao, l'eï coumproumeïso ?

MOURET.

Eh ! neïgro, Bounéfan, finissez Dzaverlha.

BOUNÉFAN.

Qu'eï faï. N'y tournï pas, nun m'orio trop pouilla,
Dé mé veïré émpourtas moun gain dé la dzournado
Et ma suringo. Aussi coumo la sérénado
S'avançavo à grands pas, i copé à travers tsamp
Dé po d'étré préngu per caoqué vieï martsand,
Et mé veïqui tourna... Eh bé ! quélo bouteillo ?

MOURET.

Vao la payas, vénez, vous countas à merveillo,
Enté van-nous ?

BOUNEFAN.

Mouret, queï énté tu voudras ;
I té ségraï pertout quanté tu païaras !!!

L'ESPRIT DÉ BOUNÉFAN.

N'éran din-t-'ün café, dé co nio caoqué meï,
Quand éntré Bounéfan qué ménavo un tsarreï.
Un tsarreï plo garni; dzamaï pu dé ma vito
Né vio vu si ploumba queü bravé parasito,
Qu'eï pertan, deï lountén, eïprouva, plo madur.
O martsavo appouya d'uno mo sur lou mur
Et dé l'aotro o vio l'air dé béneïsi la sallo.
O vio, coumo toudzours, la figuro assez salo.
Roudzo coumo do sang, o deubrio betsioméu
Uno gordzo bavouso et sous ueï d'eïnoucén
Sé fixavan sur nous avéqué coumplasénço.
Nün couneï do gaillard la grando intéllidzénço .
Nün so co n'én craint pas per filas ün discours
Et co brillo pertout, surtout din lou *Councours*.
Aussi én nous vésén gardas tous lou silenso
O s'accrotso o billard et d'ün toun d'arroganço
O vougué nous mountras d'énquéro soun talan :
« I saï, nous crédé-t'eü, Dzeantounet Bounéfan,
Bounéfan lou ritsard, Bounéfan l'intrépidé,
Qué po, à vaotreï tous, drôleï, serví dé guidé.
I saï, vo sabé bé, l'eïtélo do cantou ;
Lou crané Bounéfan eï couneïgu pertou

Et ca né faï pas boun lou farras à la luno.
Queï mé qu'aï sobu fas uno talo fourtuno
Qui rémeudé l'ardzén à grands pleï palissous !
Lous bourdzeï do pai soun tous do paubrissous
A coûta dé mé. Oui ! Mai prouvaraï d'énquéro
Qui saï lou pûs adret qué martsé sur la terro :
I aï cïta perruquier, dzendermo, institutour,
Redzissour, peissounié, gardo, cultivatour,
J aï faï tous lous meïtier per veï dé la finanço.
Et grâço à mous talents i saï din l'aboundanço.
Né crézez pas pertant, droleï, qui sié ün tsé,
Quoiqué dé l'avariço i ayé bien lou catsé.
Nou, nou, né dzudzez pas Bounéfan sur la mino.
En mé la tsarita touto soulo domino,
Et saï tout plé greïssous. Oui, mous pitï, queï vraï.
V'aotreï risez? Saï sûr qué qu'eü gros fa qu'eï laï
Avéqué soun nas tord et sa této pélado,
(Si mé séntio prou fort o l'orjo sa roulado)
V'a dit qué Bounéfan eï parier dé Mouret.
Queï fao: i aï bien maï dé cœur et saï bien pu adret;
I aï millo viadzé d'esprit et dé finesso.
Ténez, v'ao vous balias preuvo dé moun adresso :
A dous cén pas d'eïci pârié dé vous mountras
Codaqui qué dzàmaï vous né dévinaras,
Qué dzamai n'ün n'a vu. An, qué faï no gadzuro?
Dégu, dégu né vé per téntas l'aventuro,
Dégu né vo payas? Eh bé ! i o fao per ré,
Per ré v'ao fas lou tour; vénez tous, séguez-mé. »
— O làtso lou billard et toumbo tout d'eïtsino,
O sé lévo, trabutso, eïtend lous bras, sé nino,

Torno toumbas, sé masso, enfin o prén eïlan
Et part dé la meidzou si vité én tsanculant
Qué soun tsapé crassous avéqué sé divorço.
N'aotreï nous voulén plo veïré soun tour dé forço,
Et nous lou séguén tous, én risén dé boun cœur.
O court tsas sé, o éntro et co sur co n'én seur
Én ténén à la mo uno grosso poulardo,
Rousso, touto plumado ; ün meïtsan tsi dé gardo
Én passant l'énmati, li vio d'un co dé dén
O mamén qué la couavo eïcaboulia lou rén,
Et per lou carnavar l'éro doun réservado
Avéqué ün gourillou qué vio gu la latsado.
— « Vé la, pitî, vé la, nous crédé Bounéfan,
An, per veïré lou tour, séguez-mé vers l'eïtang. »
— O fu, nous lou séguén. Arriba à la boundo
O s'arrêto et nous dit d'une voix furiboundo :
« Noum dé noum, tas dé fa, eï-co vraï qué v'ai dit
Qui voulio vous mountras ün tour rempli d'esprit,
Uno tsaoso qué mé, tout sous, i aï invéntado,
Qu'ün n'a vudo dzamaï, qué dégu n'a pénsado ;
Eï-co vraï qui z'aï dit ? — Oui, crédérén-nous tous.
— « Et quélo poulo qui, didzas, la vésez-vous ? »
— Oui, oui ! — « Eh bé ! pitî, salut à la gaillardo !! »
O beü mieï dé l'eïtang o lanço sa poulardo.
— « Eh bé ! avias-vous vu, adzouté queü mélou.
— Aussi pao dé buli per autant dé bouillou ? »
Et la dzóio brillé sur sa figuro salo.
Après un tour parier n'ün po tiras l'eïtsalo ;
Queï trop beü ! Aussi tous, sur lou bord dé l'eïtang,
Nous crédérén : Bravo !!! Dzcantounet Bounéfan !!!!!

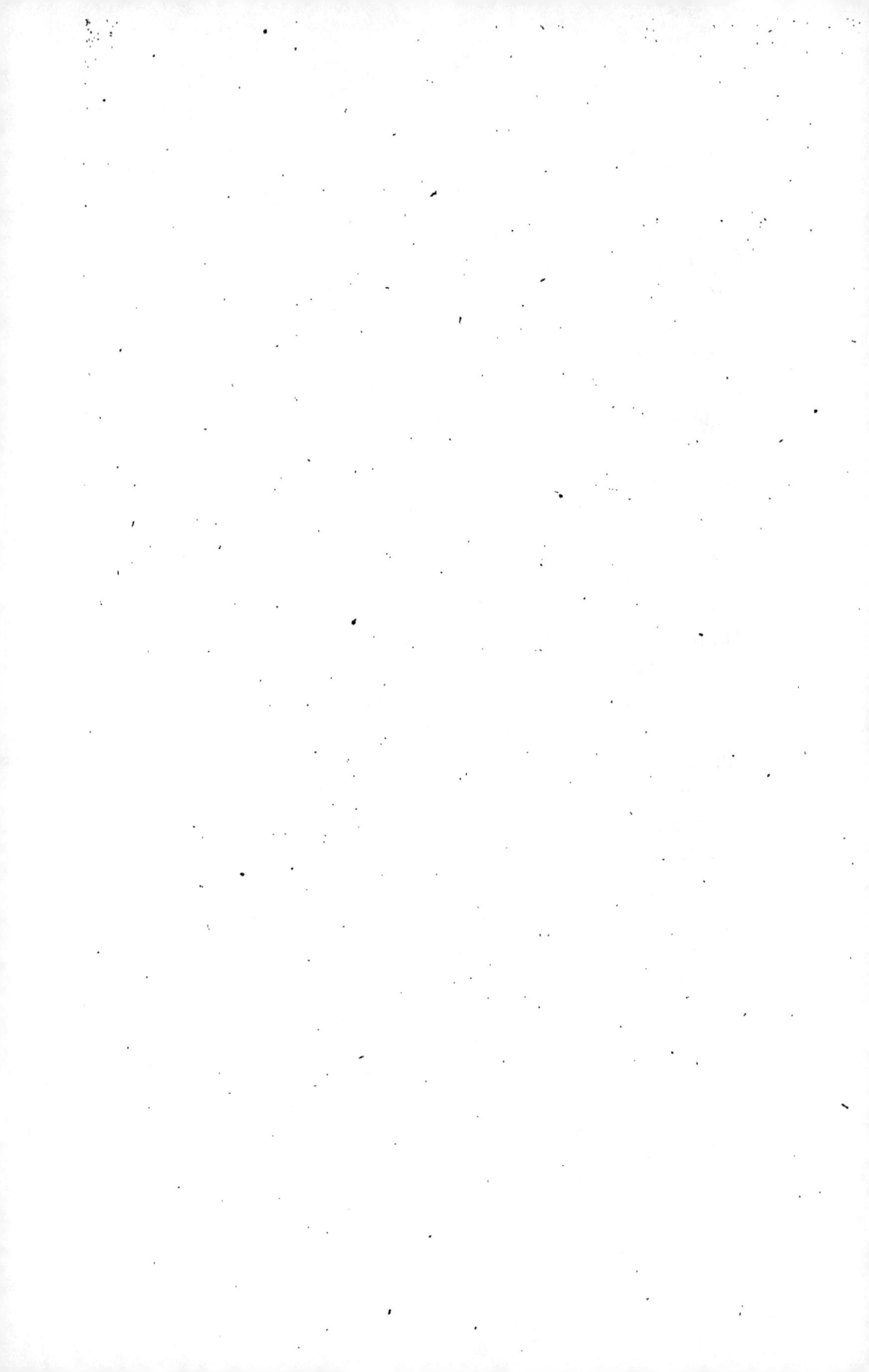

L'ESPRIT DÉ MOURET.

BOUNÉFAN.

Oh ! oh ! tseïti Mouret, nun dit qué l'aotré dzour
T'as faï din Samatio un misérablé tour,
Un tour dé polisson qué friso la canaillo :
Coumén doun, malhurous, tu vouleï fas ripaillo,
Beüré dé boun vi vieï quand t'as prou dé nouveü,
Et noun countén dé co avalas do Bourdeü ?
Après tu té sauvas seï payas ta deïpénso !...
A Burgou tu vouleï béleü fas councurrénço,
Parlo doun ?

MOURET.

Bounéfan, ayas pita dé mé ;
Y n'y tournaraï pû, n'én dzuré sur ma fé ;
I éro sadous. Dzamaï n'aurio gu la pénsado
Dé coamettré, seï co, no pariéro escapado,
N'aï trop dé répénti !

BOUNÉFAN.

Anén, né puras pas,
Mé tsardzé d'arréndzas mé-mémo toun affas ;
Didzo-mo seï menti.

MOURET.

N'osaraï pas !

BOUNÉFAN.

Meïnadzé,

Oro qué fo parlas tu manquas dé couradzé !
Tu n'én manquéreï pas per fas queü bravé co !
Anén doun, lestomén, droulao, counto-mé co !
Surtout, n'eïssayas pas caoqué plat subterfudzé,
Saï toun ami, Mouret, et né saï pas toun dzudzé !

MOURET.

Eh ! bé, vieï Bounéfan, v'obaissé co sé :
Baquoi et Matsofort éran avéqué mé,
I payavo, queü dzour.

BOUNÉFAN.

Ah ! gourmand, queï péndablé !
Et t'osas mé parlas ! didzo doun, misérablé,
Tu payavas et mé n'éro pas couvida !

MOURET.

Ah ! Bounéfan, v'eï l'air do diablé posséda,
Vous mé fas po. Bien sûr, vous tsartsi sur la plaço,
Din la feïro, pertout, seï troubas votro traço.

BOUNÉFAN.

Foulio mé damandas.

MOURET.

Pardi, vous damandi,
Trop souvén, per malhur !

BOUNÉFAN.

Coumén doun !

MOURET.

Eh ! moun Dl,
N'aosé pas, moun ami, n'aosé pas vous tout diré !

BOUNÉFAN.

Qu'eï-co qué queï, vésau, eï-co qué tu voueï riré?

MOURET.

Oh! nou, n'aï pas l'énvio. Alors doun, lou prumier
A qui vous damandî éro limounadier ;
O véndio sur un banc dé l'aïgo siroutado.
« Bounéfan, dissé-t'eü, toun famous camarado,
Vé dé sé rafreïtsî tout oro per un so,
Après o eï mounta moun, o bé davala lo,
O porto sous lou bras uno grando suringo
Co vaï preïtas, dit-eü, à caoquo vieillo bringo
D'én per à qui. » Véguî co sé risio dé mé,
I m'eïloignî.

BOUNÉFAN.

Poltroun, tu li disséreï ré,
Tu né vias én la mo rundi, batou ni verdzo ?

MOURET.

Nou, Bounéfan, aussi m'én ani vers l'auberdzo,
Enté vous davalas quand vous sés à tsavao.
Un mulet éro qui eïtasa o pourtao,
Un mulet tout puri, qué rémudavo à péno.
Soun meïtré tout parier li baliavo la véno.
« — Eh ! mounier, crédi-î, as-tu vu Bounéfan ? »
« — Bounéfan, dissé-t'eü, éro qui à l'instant;
M'én vao té lou fas veïré. » Aussitôt queü salopé,
Qué pareïssio pertant hônété, franc et prôpé,
Trapo dé soun mulet la couo à pléno mo,
O la soulévo én l'air aussi haoto co po.
« — Approtso, adzouté-t'eü, et viso laï à tablo
L'illustré Bounéfan, à trogno vénérablo,

5

Qué tsico, én t'atténdén, ün quartier dé faisan ;
Tant qui téné dubert, vaï lou troubas, paysan,
Vaotreï fareï tous dous ün paré rémarquablé. »

BOUNÉFAN.

Queü tseïti fagué, sé, ün tour abominablé.
Couneïsseï-tu quel hômé, eï-co caoqué vési ?
Démo siraï tsas sé avéqué moun fusi.

MOURET.

Né lou couneïssé pas. Queü tour n'eï pas lou piré
Qué m'arribé.

BOUNÉFAN.

Mouret, quéraqué tu voueï riré ?

MOURET.

Oh ! nou, touto la dzén et queü meïtsan mounier
Risian bé prou seï mé !! Un moussur eïtrandzier
Mé trapo sous lou bras et parlo dé la sorto :
« — Bounéfan, toun ami eï dareï quélo porto,
Co vé dé barouillas n'y o ün piti mamén,
Queï quélo do saloun. Deubro-la lestomén,
Tu lou veïras siéta qué beü caoco tsapino. »
Ah ! né dzudzéz dzamaï lous moussur sur la mino !
Queuqui vio l'air d'un andzé et lou meïfiavo point,
Qué poudio-t'eü veilleï à votré ancien adjoint ?
I m'én vao doun dubri la porto désignado :
Ah ! noum dé noum ! n'aguî uno bravo crédado,
I cudzî n'én crébas !!!

BOUNÉFAN.

T'as l'air d'un eïnoucén,
Qu'eïco qué t'arribé ?

MOURET.

Un varrao dé cin cén
Saoto sur mé. Bounhur qui aï la dzambo lesto.
I mé metté à fudzi seï damandas moun resto.
Allez doun, fudzio plo, quand queü salé varrao
Entré mas dzambas passo, o mé planto à tsavao
Et sur lou mounstré i saï transpourta din la plaço.
Enténdias-vous lous cris dé quélo populaço
Qué bourravo sur mé si bé qué sur lou por?
I né coumpréné pas coumén né saï pas mort,
Saï sûr qui réçobi maï dé cén co dé verdzo !

BOUNÉFAN.

Mas perqué nas dubri l'eïtablé d'uno auberdzo?
Fo qué tu sieï bien fa.

MOURET.

I crésio vous troubas.

BOUNÉFAN.

Dindao ! Eï-co tsaba ?

MOURET.

Oh ! oui, m'én vao tsabas :
Lou varrao péitéla sé dresso, après s'inclino
Et dédin-t'ün golier o m'énvoyo d'eïtsino.
Né fougué pas dé foua, nou, per mé fas lévas,
Seï tsartsas moun bounet et mé dé mé sauvas,
Et dé nas mé catsas din-t'ün coin dé la hallo.
I resté qui lountén, frettant ma blouso salo,
Enfin scurté,

BOUNÉFAN.

A qualo houro ?

MOURET.

A pû près vers dou'oras.
Baquoi et Matsofort mé trapén sous lou bras
Et nous veïqui parti, allez, en avant, martso.

BOUNÉFAN.

Entao t'éras tout sous, Mouret, à ma rétsartso ?
Enté éran quî fénian ?

MOURET.

Ma fé, no sabé point ;
Pertant né crésé pas quî fuguessan bien loin
Quand sur lou grand varrao trapî lous co dé verdzo.

BOUNÉFAN.

Et tu lous ménéreï tout dé mêmo à l'auberdzo
Et tu payavas, tu, didzo, paobré Mouret ?

MOURET.

Qué voulez-vous ? Baquoi mé pourté moun bounet.
En éntrant coumandî d'abord uno bouteillo,
Sieï saucissas, do po.

BOUNÉFAN.

Allez doun, à merveillo,
Et i n'éro pas qui !! ·

MOURET.

An, né diséz pû ré.
Après quélo bouteillo ün n'én mounto ün paré,
Sieï saucissas dé maï. Vio no sé do grand diablé,
D'abord fuguî sadous. Alors per fas l'eïmablé
I volé do vi vieï, énsuito do Bourdeü.

BOUNÉFAN.

Cambé ?

MOURET.

Douas boutcillas.

BOUNÉFAN.

Per treï parier védeü
Quéro prou. Ah ! létsou, tu n'én beürias d'ónquéro
A queü prix ! Qué servit ?

MOURET.

Quéro la tsambarriéro.
Mas, quand fougué coumptas ! veïqui bé moun malhur !
I atténdi lou mamén énté i sirio bien sûr
Qué la né véndrio pas. Alors fao dispareïtré
Las fiolas dé Bourdeü, énsuito i crédé o meïtré
Et damandé co sé cambé ca lieï dégu :
« — Mous drôleï, dissé t'eü, parlas-mé, qu'és-vòus gu ? »
« — Trei bouteillas dé vi, do po et no doudzéno
Dé pitas saucissas. » — « I n'oraï pas dé péno
A tiras votré coumpté ; eh bé, nous disén doun
Qué ca faï per tsacun vingté-cin so tous roun. »
I payé lestomén et nous passén défôro.

BOUNÉFAN.

O fo n'én counvéni, ta counduito eï trop ôro.
N'ün troumpo latsomén, coumo un voulour n'ün fû !!
Enté dé queü Bourdeü vias-tu sarra lous fû ?

MOURET.

Sous lou lié.

BOUNÉFAN.

Veïqui doun coumo Mourillou payo !
Qu'eï-co qué lous troubé ?

MOURET.

Lou meitré én sa balayò

En boueissant lou mati surti quélas fiolas.
O sé métté, din-ün, à dzuras, à gueulas,
Countré sous émplouyas, countré la tsambariéro.
Alors doun quélo qui, per calmas sa couléro,
Mé deïnouncé.

BOUNÉFAN.

Après?

MOURET.

Après, lou mémo dzour,
L'auberdzisté furĭ véngué din notré bourg;
O m'envouyé tsartsas. I arribé, têto basso,
Mé métté à sous dzanouï, i damandé ma graço.
I puré, brâmé, prédzé, enfin i fao bé tant,
Quĭ gagné moun perdou. Sulomén, l'émbêtsiant
Qu'eï qué fougué payas lou Bourdeü.

BOUNÉFAN.

Oui, qu'eï tristé,
Qu'eï fatsous, n'éi-co pas? foulio qué l'auberdzisté
Régalesso, per ré, treï saleï dévorants.
Cambé té préngué-t'eü ?

MOURET.

O damandé dié francs
Qui li baillĭ d'abord. Per malhur, quélo tsaoso
A faï beuco dé bru, dé pertout nün n'én caoso.
Et né vous catsé pas qué, malgré quel accord,
Trémblé qué do counseï...

BOUNÉFAN.

I crésé qué t'as tort.
Anén, né puras pas, couneïssé l'auberdzisté,
Nous van nas lou troubas tous dous à l'improvisté

Et per ün boun régal, paya seï rébiffas,
Mé tsardzé d'arrétas per toudzours quel affas.

MOURET.

O Bounéfan, merci, vous mé sauvas la vito,
D'eïmoti, tout oro, moun paobré cœur palpito
Partan doun, moun ami, partan, deïpeitsan-nous,
Payarai, coumandas, i m'én rapporté à vous.

MOURET LOU CRACOUR.

Un bissac sur l'eipanlo et l'air tout triomphant,
Dimén dernier, Mouret ribo tsas Bounéfan
O mamén qué queuqui n'avo mindzas la soupo.
Per dudzas do bissac né fougué pas dé loupo
A l'ancien perruquier. « Siéto-té lai, Mouret,
Dissé-t'eu, tu pourtas caoqué pitit gouret
A toun ami?

MOURET.

Noun point, mas un lébrao én vito,
Dé siei luras.

BOUNÉFAN.

Bravo, siei luras! o mérito
D'êtré arrousa. Anén, paoso-lou; siéto-té.
Bon, qué voulei-tu, viei?

MOURET.

Én pao de soupo.

BOUNÉFAN.

Té,

Laisso-mé t'én servt uno bouno siétado.
Coumén la troubas-tu?

MOURET.

La sén à la fumado.

Sei Coqui,   5*

BOUNÉFAN.

Ah ! letsou ! té goûto queu sola,
Ei-t'eu boun ?

MOURET.

O a bésoin d'êtré rénouvela,
O ei rancé.

BOUNÉFAN.

Letsodier, beu no bouno picado,
Et qu'eu vi, ei-t'eu boun ?

MOURET.

Boun per fas la salado,
O faï puras lous ueï, ratso lou gourdzarez.
Qu'ei do vinagré, co ? là, vous n'én counvéndréz !

BOUNÉFAN.

O ei pica dé lédzier. Mé qui n'aï l'habitudo,
Lou trôbé pas meitsan.

MOURET.

N'avez la boutso rudo
Vous, noum dé noum ?

BOUNÉFAN.

Et tu, té foudrio do Bourdeu,
Dé viei Lafitto o liour de queu raclio buden ;
Mas, qué vouei-tu, moun paobré, i n'aï pas.

MOURET.

Mé counténté.
Dé queuqui, Bounéfan, moun ami, i plasénté,
Balias-m'én n'aotré co. Queu vi ei délici,
Parfait, goût dé muscat et coulour dé lici :
Oro qu'y saï vira, nous fo tsacun la nôtro,

BOUNÉFAN.

Bravo, à ta santa.

MOURET.

Bounéfan, à la vôtro.

BOUNÉFAN.

Didzo, coumo as-tu faï per trapas queu lébrao
Entao vi ? parlo-mé, toumbo-t-eu do grand mao ?

MOURET.

Ah ! pardi, Bounéfan, qu'ei entao qu'ün lous masso !
Dabord !! Eicoutas-mé : i vénio dé la tsasso
Harsei, i éro brédouillo et né vio pûs dé ploum,
Moun fusi né vio mas dé la poudro. Allez doun
Quand dia lou foun d'un pra i vao veiré qu'eu drôlé
Qué vénio dret sur mé. I dzuré, mé désôlé,
Pas de ploum ! coumo fas ? A un dé mous sutsous
I ratsé vité un clio. I l'énfoucé ; y soun nous ?
Lou lébrao passo laï, attenci ! qu'ei merveillo,
Pan ! à d'un tsataignier l'eitatsé per n'oreillo,
I n'agut mas bésoin dé nas lou d'eicliouvas.

BOUNÉFAN.

Quei no craco, Mouret !

MOURET.

I offré dé v'o prouvas.
Mas ca n'ei pas tsaba : Nun po sounas la cliotso !
Miraclié, moun ami ! i trobé din ma potso
Un trô dé dzémo et vité i la li colé o froun
Et tsartsé sa fumello à lo, din l'énviroun.
Cinq minutas après, visas-mô quélo tsanço,
I m'énvao l'apercégré à no pito distanço
Qué vénio dé moun biaï, o mitan d'un oissar.

Í latsé moun lébrao qué part coumo n'eicliar
Et dret sur eilo o vaï sé dziétas tout de tèto.
Massi mous dous tridous.

> BOUNÉFAN.

> L'ei bouno ta recèto,

I éran colla o froun ?

> MOURET.

> Colla, souda tous dous,

Coumo un porto un bissac i lous pourti tsas nous.

> BOUNÉFAN.

Per té moucas dé mé tu né té dzeinas gaïré,
Mouret, rei do bavards, mentour, meitsant cracaïré.

> MOURET.

Mé, mé moucas dé vous ! vous risez, Bounéfan.
Ténez, eicoutas doun un dé mous tours d'antan.

> BOUNÉFAN.

Vésan queu tour.

> MOURET.

> Eh bé ! dei l'én mati tsassavo

Sei ré touas, ré do tout ; moun ermo, m'einuyavo
Quand partén sous mous pé quatorzé perdridzao.
Pan ! pan ! et ré né toumbo ; i tiravo si mao
Queu dzour, qué hier. Enfin, touto la troupélado
Qué mous co dé fusi né vian gaïré eiffrayado,
S'én vaï tout bravomén sé posas sur lou mar
D'un viei tsataignier. Mé, sei mettré dé rétard,
Volé tournas tsardzas. Ah ! visas la guignasso !
Mé trobé pùs dé ploum ! bon ! tout aotré à ma plaço
Orio perdu couradzé. Eh bé ! mé, pas do tout ;
Dzamai né sai dzeina, mé tiré dé partout,

Et malin qué malin, m'én fo per qui rénouncé :
I préné moun couteu, din lou canou l'énfouncé,
Ensuito à pas dé loup m'approtsé do tsatain.
Dé touas un perdridzao, iéro bé prou certain,
Mas i lous voulio tous. Coumo fas ? Qualo idado
Vé m'inspiras ! i alligné et pan ! la troupélado
Per las pôtas tropado o mar qui aï fendu,
Sé sécou plo lountén ; oui, mas bien énténdu,
Pas moyen dé sé vei.

BOUNÉFAN.

N'én veiqui dé la véno,
Cracour, té fougué mas prénei la pito péno
Dé mountas lous ratsas dé la fénto, pas vraï ?
A moins dé coupas l'aobré.

MOURET.

I orio béleu miei faï.

BOUNÉFAN.

Oh ! oh ! toumbérei-tu per hasard dé la cimo,
Didzo-mé ?

MOURET.

Per réglias, méritario no primo.
Vo sabé bé, ami, vous qué m'éz-vu souvén
Sur dé grands papuloun grimpas én ré dé tén
Et si bé qu'un margao mountas sur no teulado.
I trapé lou tsatain, la prumièro régliado
Mé porto o miei ; allez, i arribé én pao pûs hao
Et mé trobé dé nas sur un nid dé burgao.
Ah ! paobré Bounéfan, n'én frémissé d'énquéro !
N'y vio qui no doudzéno, eïmali, én couléro,
Qué mé vôlén o nas, à las dzòtas, o froun.

A la boutso, pertout ! i toumbé tout do loun
O pé do tsataignier. Après caoco démi-ouro,
Maladé, tout ufla, per nas vers ma démouro,
I mé lévé én purant. Mas, plo, n'y vésé pûs !
I mé metté à badas, moun tsi mé fai chorus,
Et per mé sécourl, dégu né sé présento,
Dégu né vé, dégu, ma doulour n'én augmento,
Foudro-co coueidzas qui ? Oh ! nou, i ai trop d'esprit.
Per lou bout dé la couo i trapé moun Labri
Et nous veiqui partis bravomén.

BOUNÉFAN.

Paobré diablé,
Tu mé farias pita si qu'éro véritablé,
Màs tu sé un cracour ; et tous qui perdridzao,
Qué dévénguérén-t-i ?

MOURET.

Pardi, vio trop dé mao
Per tournas lous tsartsas avéqué notro éitsalo.
I agué péndén huet dzours no feuré cérébralo
Sei mé couneitré. Enfin quand i fugué gari,
I ant, mas lou troubl péndilla, tous pûri.

BOUNÉFAN.

T'as no reipounso à tout. Anén beu n'aotré viâdzé
Per fas, tseitl Mouret, passas toun bavardzé.
Oro, seur queu lébrao, qui lou vésé.

MOURET.

A l'instant.
Baras la porto, bon. Ténez, viei Bounéfan.

. . . .

O daïlio soun bissac et faï toumbas per terro,

O liour d'un beü lébrao, un tsitsou dé berdziéro
Qué sé metto à dzappas. Didzas-mé, véséz-vous
Dei qui l'air différen dé nôtrei dous mélous ?
Lou viei perruquier ei tout pâlé dé couléro ;
Mouret, sé, eibahi, couménço no priéro,
Mas o né vaï pas loin. Bounéfan, coumo un fó,
Court sur sé, lou saisi à douas mas per lou cô,
Et lou porto déforo. A qui, d'un toun terriblé,
O li dit : « Eh ! gouya', as-tu faï toun poussiblé
Ei mati per mé fas mountas sur moun pouli ?
T'as critiqua moun vi, ma soupo et moun buli ;
Tu m'as counta do tours qu'un counto à d'un meinadzé,
Et per poussas pû loin toun groussier badinadzé,
Tu m'offrei un lébrao et qu'ei un tsi galous !
Gourmand, vai-t'én dé qui, qu'ei tsaba éntré nous.

MOURET.

Ah ! perdou, Bounéfan, n'én dzuré sur moun âmo,
I n'ai pas tort. Mettrio mas douas mas din la flâmo
Maï mous dous pé, qué qu'ei caocun dé nôtré bourg
Qué nous a, ei mati, dzuga queu bravé tour.
Avéqué lou taillour, i ai bégu no bouteillo,
Douas avéqué lou faoré et douas.....

BOUNÉFAN.

No pléno sciilo.

Gourmand, pardi, éntao quand t'as eita sadous,
T'as roba queu tsitsou per lou pourtas tsas nous
Et troubas lou moyén dé t'uflas mai la panso.

MOURET.

Perdou, viei Bounéfan.

BOUNÉFAN.

I ai dé la répugnanço
A té parlas d'énquéro, ovas-tu, grand droulao,
Vai-t'én, tu tournoras quand t'oras un lébrao !

BIRAT.

———

Didzas, ma bravo dzén, é v'aotrei couneigu
    Lou tambourinier dé Pieigut?
    Queu viei Birat qué vio la tigno
    Favouso, eipésso et plo maligno,
    Et qué né quittavo dzamaï
    Lou bounet blu qué la catsavo ;
    Nün vesio toudzours sur soun tsaï
    Caoqué pei qué sé perménavo ;
    Dzamai l'aigo né vio mania
    Sas mas ni sa vieillo figuro
    Et dé soun corps sâlé, tréina,
    Surtio n'odour dé purituro.
    O éro pertant, o éro tambourinier,
    Sei sabei tucas no baguetto
    Et quoiqué bien fa, bien mazetto,
    O ténio fort à queü meitier
Qué li baliavo omin vingt éicus per annado.
    Un beü dzour, un dzour dé ballado,
    O battio per un coumédien,
    Farçour qué fasio l'arléquen,
Mindzavo lous couteü, avalavo l'eitoupo,
    Dé si boun cœur que dé lo soupo,

Sotàvo las tséiras, las tablas, mai lous bancs
    Et plasio tant o assistants
Qu'autour dé sé, lous so toumbavan coumo grélo.
    Birat, planta én sentinéllo
    Bourravo coumo ün sourd
    Sur soun tambour
    Qué vio lou beü soun d'uno pélo.
    A la fi, nôtré coumédien
    Crésen vei trouba lou moyen
    Dé maï eigayas quélo fêto
    Et dé fas uflas sa récéto,
    Vers lou tapén s'en vé tout dret.
    Lestomén li prén soun bounet
    Et sé lou paoso sur la têto !
    Un cri partit dé tous coûta
    Quand ün végué la tigno dé Birat,
    Quand ün végué quélo têto purido
    Déssous no croûto tsauménido.
    Lous assistants dé dzoio crédavan ;
    Trépignavan, dé riré sé tourdian,
    A d'un tao point qué lou farçour pensavo
    Qué qu'éro sé qué l'asio queü plasei,
    Aussi dé boun cœur énfounçavo
    Lou bounet dzusco sous lous nei.
    Mas tout d'ün co n'odour fétido
Lou trappo per lou nas, o lévo soun bounet
    Et dé Birat veü la têto putrido ! !
    Ah ! bravo dzén, dzudzàs doun dé l'effet
    Qué li fagué une vudo pariéro ! ! !
    O dziéto queü bounet per terro !

O dzuro, puro, parei fo,
Enfin prén lou fudzi, sei pénsas à sous so,
Court vers uno servo et s'y dziéto,
Et lou veiqui dé sé lavas la této,
Dé sé fréttas et dé sé sablounas :
« Frétto, moun viei, anén, torno fréttas.
« T'as doun po de trapas la tigno ? »
Péndén queü tén Birat bravomén sé résigno,
O masso soun bounet, la cuberto et l'ardzén
Et sé saovo tsas sé, arouta pér la dzén.

L'ARLÉQUIN.

Ténez, mous bous amis, v'ei vous qui do nouvé :
A Nountroun, no vieillo auberdzisto,
   Qué nun pélavo la Ballé,
   Dzémissio, pareissio bien tristo,
   Deiploravo soun paobré sort
Pénden qué sous vési mettian din-t'uno caisso
   Bugnét, soun hômé, qu'éro mort.
   « — Né massaraï pas huei dé graisso !
   » Sé disio-t-ello entré sas dén,
   » Né fo-co pas étré einoúcén
   » Dé li balias uno tsamiso fino
   » Dé lou plédzas din-t'un linso
      » Tout flambé nio.
» Pérqué pas lou coucïdzas din dé la moussélino ? »
   O mamén qué quélo couquino
   Marmotavo quélo abominací
   Pér nas sé bilias, lous vési
Surtirén. La Ballé resté doun touto soulo.
Ah ! n'y o déqué n'en vei la tsar dé poulo !
La court dubris la caisso et n'én seurt lestomen
   Soun linso maï l'habillomén,
   Surtout quélo fino tsamiso,

Grand objet dé sa counvoitiso,
Et pér né pas leïssas lou cadabré tout nu,
Vité, péndén co n'y o dégu,
La prén din soun buffé n'habit dé mascarado,
Caoqué vieï habit d'arléquin,
N'éu biélio soun défun et torno din soun coin,
Après vei bien bara quélo caisso violado.
(Codaqui quei bé vrai,
Dirio Foucao (*), coumo i sai laï)
Mas, qu'as-tu faï, o Ballé, o ma mio ?
L'hômé qué nun creü mort n'ei mas én létardzïo !
Attén, nous riran bé... Veiqui lous pourtadours,
Veiqui Bugnét parti per nas tsas Mâtoguéro (**),
Seï troumpettas et seı tambours.
Beuco dé dzén séguian, mas lo vieillo sourciéro
Qué né puravo mas d'un uci.
Quand un fugué dré davant tsas Francei,
Lou mort révicoulé per uno eitranudado
Atchı !!! Lous pourtadours dziétén la caisso laï
Et de fudzı. La foulo eipouvéntado
Fai tout parıô, nun fû de tous lous biaï
Et nun laisso Bugnét sé tiras dé sa biéro,
Eibouliado én toumbant per terro.
Dzudzas, mous bous amı, dé soun eitounamén,
Quand o sé veu én habit d'arléquén
O beu mitan dé la rouo Nôtro-Damo !
O sé doto dabord de la counduito infâmo

(1) Foucaud, auteur des *Fables patoises*.
(2) Petite métairie qui joint le cimetière de Nontron.

Dé la Ballé : « — Noum dé noum, dissé-t'eu,
    » Iéro sadous et quélo vieillo gueuso
    » Mé renvouyavo én toiletto farceuso
    » Prénei tout vi ma plaço din lou ceu !!
        » Ah ! viei paneu,
    » To païaras avant la li dé la dzournado ;
    » Et mous vé-l, tous bilia dé dimén,
    » I vénian doun à moun intaramen ?
    » Vei lous fudzi ! sénté qué la fumado
    » Coumenço à mé mountas !!!!!
    » Mas, moun Di, perqué mé fatsas ?
    » Et perqué mé fas tant dé bilo ?
» Oro qui saï bilia, n'ei-co pas miei de fas
    » En Arléquen un tour dé villo ?
    » Quei bé lou moyén, per ma fé,
» Dé mé mouquas dé qui qué sé risian dé mé. »
    O vaï troubas Michon qu'éro din sa boutico,
    Li counto soun affas, Michon tsandzo dé tsico,
    Prén soun tambour et bat lou roulamén
    Et Bugnét part én fasén arléquén.
Per soulévas Nountroun né faugué pas lountén ;
    Car dzamai pû sur quélo terro
    Nün né vio vu uno farço pariéro :
    Lou mort qu'ün pourtavo éntaras
S'én tournavo tsas sé én sautant per las rouas.
    Quand o fugué davant sa porto
La Ballé vé dubris, én trémblant, démio-morto,
Faï do signei dé crou, parlo dé révénén !
    « Vouei-tu té teïsas, vieï serpén,
» Li dissé soun Bugnet : vieï rébut deitestablé,

» Oro beïtio, fénno do diablé,

» Vieï tseitivier, salo margo,

» Véqué dansas ! Michon, bats-nous qui ün congo ! »

O trabo lo Ballé, malgré sa résistançо

Et lous veiqui d'entras én danso !

A qui, Michon, faï rounflas toun tambour,

Co vai bé bien, mas la Ballé redzingo,

Pan, un soufflet, et la veiqui qu'eipingo,

Balancez ! saulas toudzour.

Hardi, Ballé, sécou-té, vieillo bringo,

Bravo Bugnét !!! Mas qu'ei-co qué parei ?

Qu'ei-co qué vé nous otas queü plasei ?

N'ei-co pas vrai qué qu'ei doumadzé ?

Qu'ei lou coumissari qué parlo dé preidzou,

En sé plagnén dé queü tapadzé

Alors Bugnét én hômé sadzé,

Avéqué la Ballé éntro din sa meidzou.

BURGOU.

—————

I.

Dzean vio véndu sous porcs; sa bourso éro garnido;
Treï cén cinquanto francs! Quélo soumo tsérido
Fasio battré soun cœur d'un bonhur do pus grands.
« Noum dé noum, diso-t'eü, tréi cén cinquanto franca
Né mé vian dzamai pûs préngu én counéisséngo,
L'ardzén né mé vio pûs moûtra dé coumplaséugo;
Oro, qu'ei couménça, nous veiquis bous amis,
Mas n'éran bé resta prou lountén ennémis!
Qu'ei vrai qué dessur co, fô qui payé ma fermo,
Qui mé torné attalas, qui mé bilié, moun ermo!
Né volé point pertant m'éntournas de Piéigut
Seï beuré moun carou per m'otas lou sangut.
Enté nas? Ma fé, laï, tsas la vieïllo Paulino;
Nün y trobo boun vi, boun fricot, bouno mino,
Et tout coqui mé vaï ». Aussitôt méitré Dzean
Entro et sé faï servi : ah! noun point dé faisan,
Mas un trô dé lapin, ün tsouéiné et sa bouteillo!
O ne vio presqué ré tàta deipuei la veillo,
Aussi coqui fugué nétia din-t'un mamén.
« Ah ! ah ! sé dissé-t'eu, meivl qué nio lountén
Qui n'ai pas dé rôti mindza caoco gourdzado;

6

M'én fo un boussinou avéqué no salado.
Un aòtré trò dé po, bouteillo dé vi vieï,
Et quand i saï, i saï; allez doùn, ma fé, huéï
I volé din Piéigut prénei na régalado ;
I podé riboutas, ma bourso éi prou farado,
Et la Cathou n'éi pas éici per mé dzeinas,
Mé visas dé travers et per mé couquinas !
Ah ! n'y fasio pas boun talomén l'éro fórto.
Paobro fenno !! Véiqui maï d'un méï qué l'ei morto
Et n'aï pas coumanda no pito dévoutì
Per soun âmo ! fo bé qu'i sio un grand tséitï !
Mas démo per lou sûr. » Tout d'un co Dzean s'arrèto
Car à travers la porto o vaï véiré la tèto
Dé caocu qué l'eicouto. « An, qu'ei tén dé tsabas
Penso-t'eu, à qué boun countas qui mous affas,
Et fas veiré à la dzén qui sai démieï canaillo?
Vao mièï dé damandas tout oro ma tsicaillo,
Après, à Saint-Estéphé à grands pas m'én anas. »
O coumando, un lou sert. Tant cò po n'en cougnas,
O beü, mindzo, dévoro. Après, o coumpto, o payo
Et seurt dé la meïdzou, lo figuro plo gayo,
Roudzé coumo un dindao, fasén dé las essas,
Et, à tout pas mamén, sur lou point d'éiversas.
Hurousomén per sé, caocu dé soun viladzé,
Lou vésén appouya countré lou vieï minadzé,
Lou trapo sous lou bras et l'éntraino tsas sé
Dé fórço; car Dzean dit co a d'énquéro sé.
Mas lou vési té boun et dzusco sur sa porto,
A notré sadoulard o vo servi d'escorto.

II.

Véïqui la nuet et Dzean éntra din sa méidzou,
Couménço per lutsas un meitsan rousinou,
Après dé soun parpaï o rétiro sa bourso.
N'un io veü, lou gaillard ei n'hômé dé ressourço
Et quoiqué bien ploumba, o a faï tout lou tsami
Sei moùntras soun ardzén à soun meillour ami,
Et sei risquas lou perdré én rudélant per terro.
« N'y o mas seixanté-no, n'aï mindza uno éntiéro,
Dissé-t'eü én coumptant sas péças dé cén so.
Oui, i aï beü las coumptas, n'y o mas seixanté-no,
Si tous lous dzours, éntao, n'avalâvo caocuno,
Né foudrio pas lountén per tsabas ma fourtuno!
Oh! oh! mas qu'éi fini; i vao las laï posas
Et crébarai dé fan avant dé n'én usas.
Dzean, quoiqué bien sadous, prou sadzomén razouno,
Et sa résoluci li paréissant fort bouno,
Dédin t'uno tiretto o metto soun ardzén,
Daoto la cliao, sé couéidzo et s'éndeur lestomén.
Bouno nuet, moun ami, là, bien, deubro la gordzo,
Rouflo, fai maï dé bru qué vin souffléi de fordzo!

III.

Qu'éi à pù près mianuet, ca plo ei n'ün éntén
Dé la biso én furour lous loungs dzémissomén;
La bat lous countrévén, la porto dé l'éitablé,
Coumo per lous ratsas. Queü témps éipouvéntablé

Né réveillo pas Dzean ; o rouflo tant co po.
Tout d'un co, ah ! moun Di !.... Ah ! moun Di, tout
La trappo do granier, douçomén soulévado,   [d'un co,
Laisso passas no torno horriblo, énvélouppado
D'un grand linso ; la té no lanterno dessous,
La déissén léntomén lous méitsants éitsalous
Et vaï grattas lous pé do rouflour qué l'éiveillo.

DZEAN, *effraya.*

« O sécours, sai perdu !!! ah ! i ai la tsaosso-vieillo !!
Quéico qu'éi qui ? Moun Di !... i perdé la rasou !! »

LOU FANTOMÉ, *en dzémissén.*

« Tu n'as pû souvént dé ta paobro Cathou ?.....
Dzean !!!

DZEAN, *dé maï en maï effraya.*

Qu'éi tu ? O sécours !!

LOU FANTOMÉ.

Ah ! pas tant dé tapadzé !!
Dzean ! Dzean ! tu farias miéi dé t'armas dé couradzé.....
Dé prénéi un couté et dé mé fas toumbas
Lous verméi qué voulén quéraqué mé tsabas !!!
Mé vouéi-tu près dé té ? faï-mé no pito plaço !
Méitsan !... tu té sarras ! Qu'éi éntao qu'un m'embrasso ?

DZEAN, *sous sa cuberturo.*

Né vénias pas !! Vai-t'én !!!

LOU FANTOMÉ.

Ah ! né crédas pas tant,
Et t'as beü té catsas, tu m'oviras pertant.
Ingrat !... Veiqui déidza maï d'un méi qui saï morto
Séi véi do Paradis pougu frautsi la porto,
Perço qué n'aï pas gu la mindro dévouci !!
Dzamaï, per ta Cathou, tu n'as faï prédza Di !!

Ei-co bien dé ta part? didzo doun !! ma paobro ámo
S'én anavo én enfer sé rôti din la flammo,
Quand saint Pierré l'i a dit : « Vai-t'én prénéi toun corps
Qu'éi lo à Saint-Estéphé o beü mitan do morts,
Tu n'eiras troubas Dzean, queüqui qu'éro toun hômé,
Béleü qu'én té vésén sous l'habit dé fantômé
Soun cœur oro per té caoqué pao dé bounta!
Tu mettras à l'éissaï sa dzénérosita!
Tu li damandaras uno prou bello soumo,
Qué tu transpourtaras din la villo dé Roumo!
A qui t'éiras troubas lou papo et t'obtiéndras
Per lou saint Paradis assez dé priéras !!!
T'én fo lou mêmo dzour, o min, tréi cén cinquanto!
Tréi cén cinquanto francs, mèmo tréi cén séixanto
Té fan bésoin !!! Toun Dzean po bien té lous balias,
O a véndu sous porcs huéi !! Si o vo tsamalias,
Didzo-li dé ma part, didzo à queü misérablé
Co faï preuvo per té d'un cœur abominablé ;
Mas qué, per lou punt, tu n'éiras tsaqué séi
Sur lou bord dé soun lié, li fas do réprotséi !!!!
Co resté à Saint-Estéphé, e co couré la Franço,
Toutas las nuet t'éiras li countas ta suffranço !!
O véiro toun cadabré !!! »

       DZEAN, *dé maï én maï eïpouvanta.*

                 Ah ! taiso-té, Catbou !
A saint Pierré didzo qui n'aï pas lou boutou.
V'aotréi vous sé troumpa. I n'aï ré, saï minablé !!

         LOU FANTOMÉ, *érrita.*
Tu méintéi, Dzean, tu sès un hômé impitoyablé !
T'éimas miéi toun ardzén qué ma tranquillita !!

Mas, éicouto coqui? Saint Pierré a adzouta :
« Si toun Dzean resto sourd, avéqué ta lumiéro
Tu poudéi, séi dandzier, fas brûlas sa tsomiéro;
Metto lou fio o lié, fai lou rôti tout vî,
Queu cœur dur appréndro n'aotré co à t'ovî! »
Dzean, tu vas té flambas!!!

DZEAN, *éibélia.*

Arrêto, malhurouso!!!!

Ah! tu mé fas, Cathou, no posicî affrouso!
Mas, perdu per perdu, fo sovas la meidzou!
La cliao dé la tiretto eî qui din moun poutsou,
Prén-la, prén moun ardzén et vai-t'én o pû vité,
Qué domin per toudzour dé ta vudo i sié quitté!

LOU FANTOMÉ, *dubrant la tiretto.*

Ah! n'ayas pu dé pó, vao m'én anas d'abord!
Et tu né mé verras qué quand tu siras mort!!

En sarrant l'ardzén.

Ca vai bé m'eitsinas per pourtas quélo soumo
Dessur moun eipanlas dé Saint-Estéphé à Roumo.!!
I eimorio miei dé l'or, voulei-tu m'én tsandzas?

DZEAN.

N'ai ré pû, ré do tout! Tu deürias partadzas!!

LOU FANTOMÉ.

Ah! qué disei-tu qui? moun paobré!! touto roundo
Qué quélo soumo sié, m'én foudrio no sécoundo!
Enfin m'én vao? adi!! voulei-tu m'émbrassas?

DZEAN, *sous sa cuberturo.*

Nou, nou, né tournas pas dé queü biaï t'avanças!!

LOU FANTOMÉ.

Ah! Dzean, t'as bien tsandza!! tu né sés pu eimablé!
Adi doun, i m'en vao.

DZEAN, *d'uno voix éilouffado.*

Ah!! bon! Vai-t'én au diablé!!

IV.

Dous ans après, un dzour dé martsa dé Pieigut.
Burgou éro exposa sur la plaço ; dégu
Né voulio s'éntournas sei lou veiré. Lou drôlé
Né vio pas l'air hountous ; ah ! nou queü vilain rôlé
Né lou dzénavo point et d'un toun énsoulén
Queü gouya, queü voulour, s'adressavo à la dzén,
Véntavo soun carcan, sa solido cravato,
Do bourré soun ami lou dzilet d'eicarlato
Et disio, en risén, qué lous trei quarts dé qut
Qué lou visitavan n'éran mas do couqui.
Péndén qué queü tseiti rit, s'amuso et plasénto,
A sous uei tout d'un co nôtré Dzean sé présénto,
O vé bien près, pû près, sous lou nas dé Burgou.
« Tu né couneissei pas, Dzean, ta paobré Cathou ? »
Li dit queü moucandzier, d'uno voix laméntablo.
La figuro dé Dzean dévé eipouvéntablo.
« Qu'ei té qué m'as voulas, li réipound-eü, qu'eï té ? !
« Per nas én paradis, oui, moun Dzean, oui, qu'ei mé ! »
« Ah ! brigand, t'as tsaba dé voulas, per moun ermo !!! »
O lévo soun billou bien hao..., mas un dzandermo
L'arrêto, et lou bourré, d'un toun d'autorita
Li dit : « Vai-t'én, o bé t'eilatsé à soun coûta ! »

!N.

TABLE DES MATIÈRES

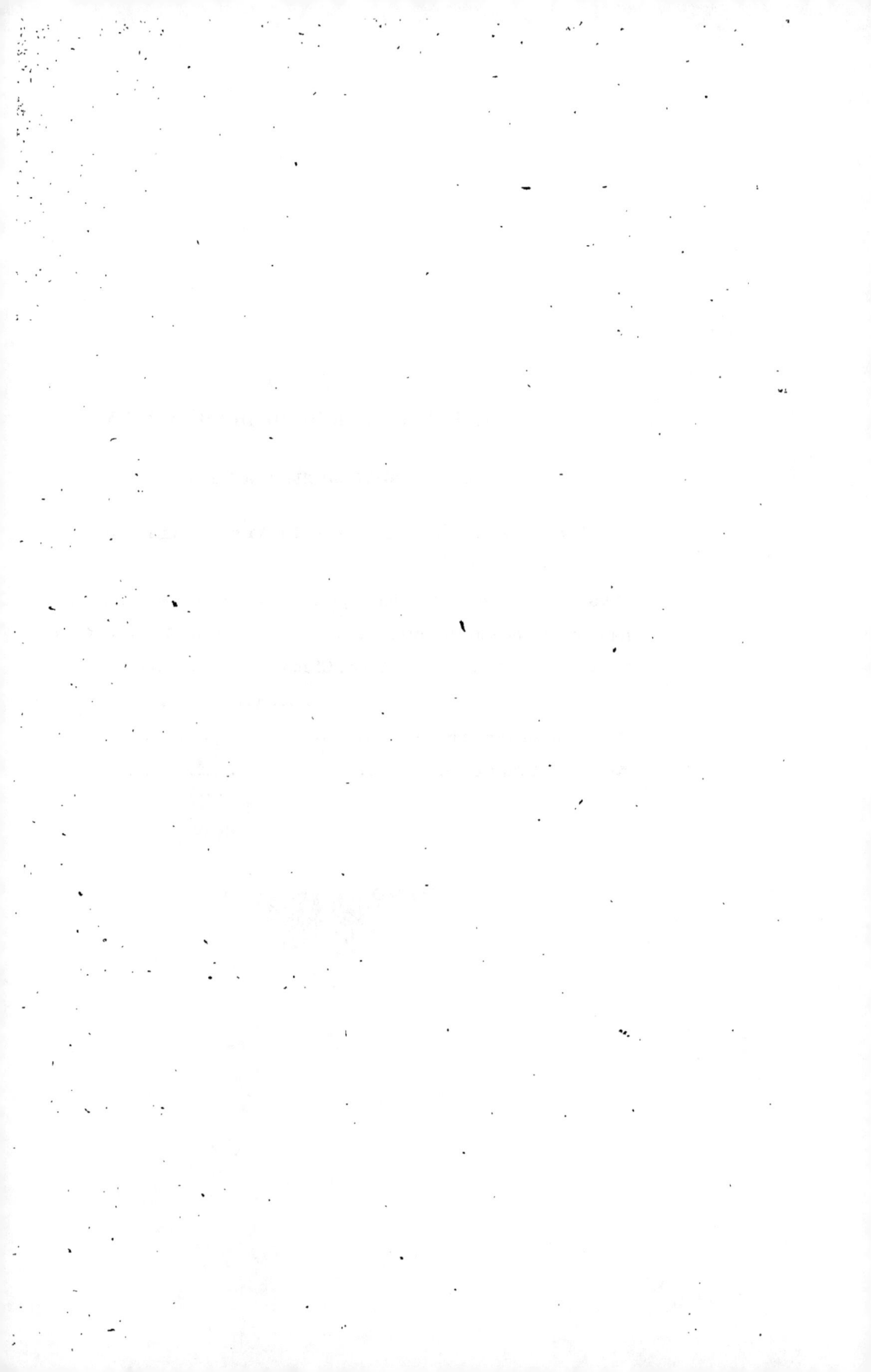

UN TRÓUBO CHA MODAMO DUCOURTIEUX

DÎ LÔ RUO DE LO RENO, A LIMOGEI

Loû librei en potouei suivan :

www.ingramcontent.com/pod-product-compliance
Lightning Source LLC
Chambersburg PA
CBHW060630100426
42744CB00008B/1569